BASIC DRUM
THE FINAL VOLUME

베이직 드럼3
완결편

전재욱 지음

BASIC
DRUM 3
THE FINAL VOLUME

책머리에

〈베이직 드럼 1~2〉가 출간된 지 3년이 되었습니다.

그동안 많은 분들이 〈베이직 드럼〉을 이용해 주시고 좋은 평가를 해 주셔서 3권도 출간하게 되었습니다. 책을 보는 모든 분들께 진심으로 감사의 말씀 드립니다.

〈베이직 드럼 3〉은 〈베이직 드럼 1~2〉에서 이어지는 구성으로 드럼의 기초·기본을 마무리 하는 교재입니다. 조금 양이 많다고 느껴질 수도 있지만 앞부분의 내용을 잘 연습하면 뒤로 갈수록 진도가 빨라지는 것을 느낄 수 있을 것입니다.
1,2권도 마찬가지이지만 책을 한 번 보고 끝내는 것이 아니라 보고 또 보고 하는 것이기 때문에 지금 당장 안 되는 부분은 그 하나에 매달리지 말고 표시 해 두었다가 나중에 다시 보는 것을 추천해 드립니다.
특히 3권에 주로 나오는 여러 가지 세트 리듬 예제들은 세트 드럼의 필수 리듬이기 때문에 여러 번 보면서 익히기 바랍니다.

3권에는 제가 레슨을 하면서 학생들이 잘 틀리는 부분의 음원을 따로 제작했기 때문에 책을 보는 데 많은 도움이 되리라 믿습니다. 또한 교재를 보다가 의문나는 사항이 있으면 펌킨스 베이직 드럼 카페 (http://cafe.daum.net/drumstyle) 에 글을 남겨 주시면 친절히 답변 해 드리겠습니다.

베이직 드럼으로 즐겁게 드럼을 배우길 바랍니다.

P.S. 교재 음원 작업에 도움 주신 윤영수 드러머에게 감사의 말씀 전합니다.

2012년 8월
Pumpkin 전재욱

차례 Contents

차례 Contents

악보 기보법

하이햇
하이햇 오픈
하이햇 하프 오픈
크래쉬
크래쉬 뮤트
M
라이드
라이드 컵
풋 하이햇

스네어
스몰 탐
미들 탐
플로어 탐
크로스 스틱
베이스 드럼

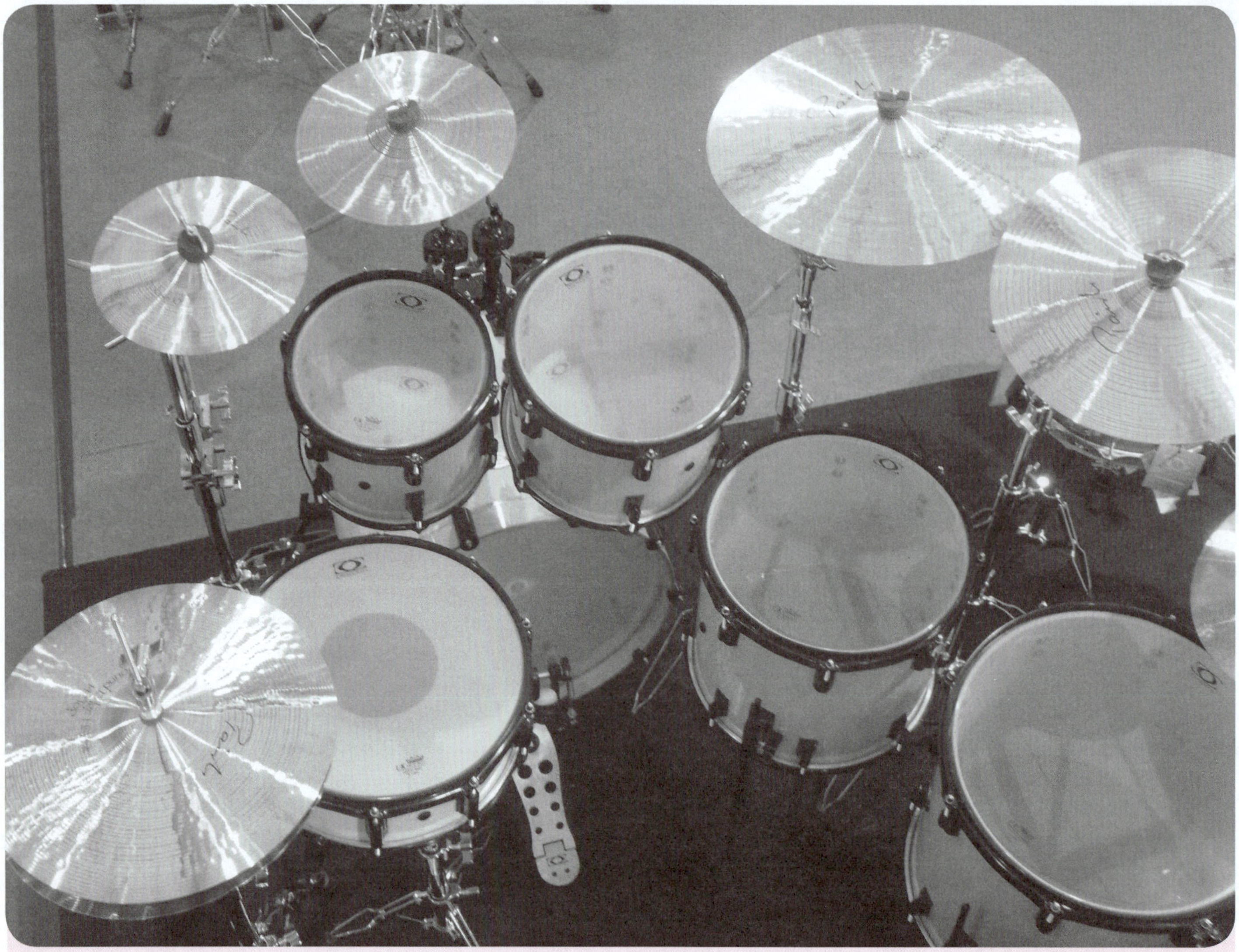

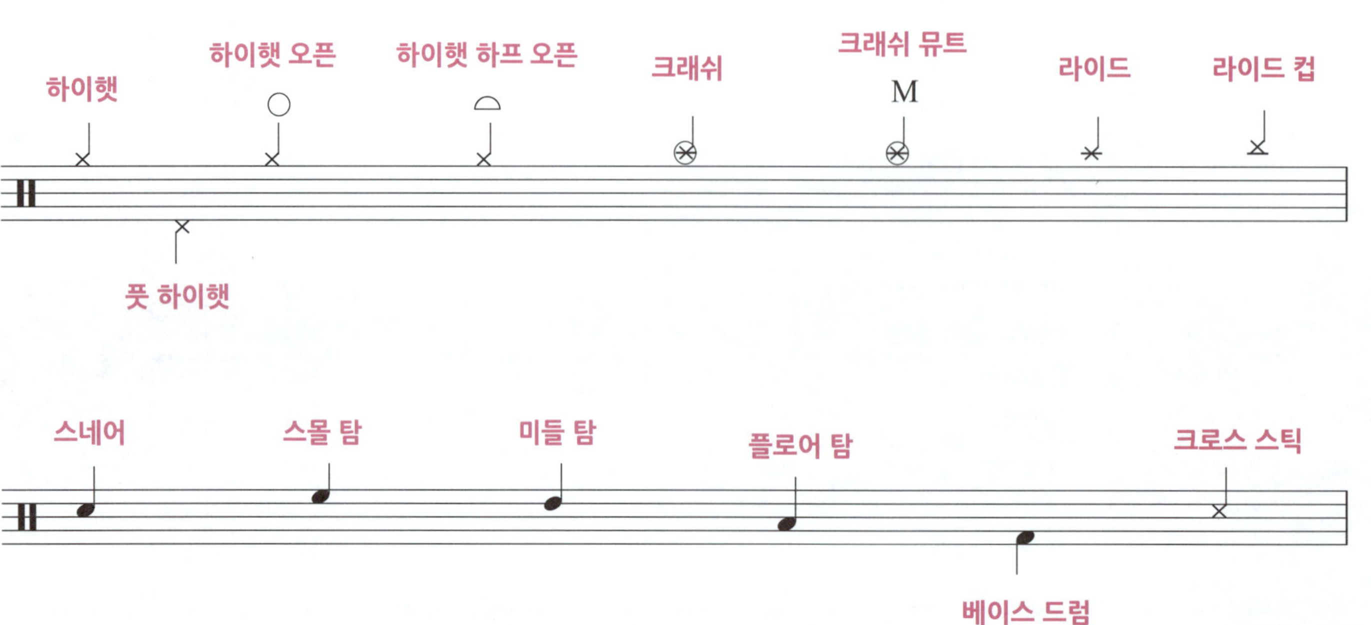

Warm Up 1
STROKE

더블 스크로크와 스피드 트레이닝

더블 스트로크는 이 책에서 다루지 않지만 나중에 더블 스트로크를 이용한 다양한
패턴을 배우기 위해 스피드를 올려 놓도록 하자.

연습 1 더블 스트로크

연습 2 ♩ = 200~240을 목표로 연습한다.

연습 3 ♩ = 80부터 100, 120 이상으로 점점 빠르게

연습 4

연습 5

연습 6

⚠ 연습 7-10은 한마디를 1세트로 하여 오른손, 왼손을 각각 50세트 이상 연습한다.

연습 7

연습 8

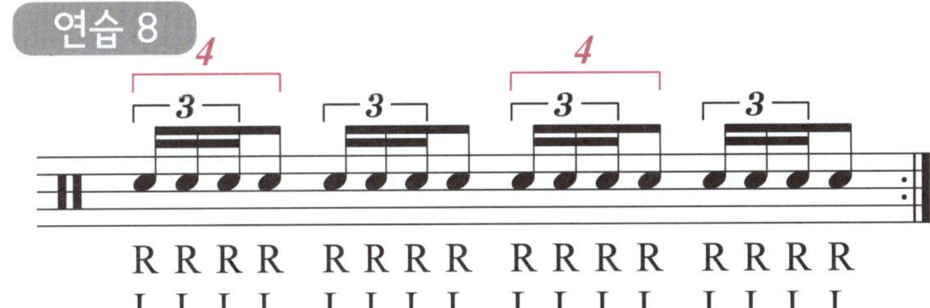

연습 9

연습 10

⚠ 연습 11-15는 싱글 스트로크의 순발력을 기르는데 좋은 트레이닝이다.
나중에 32분음표로 갈 때를 대비해 속도를 점점 빠르게 올리면서 연습한다.

연습 11

연습 12

연습 13

연습 14

연습 15

Warm Up 2

BASS DRUM | 베이스 드럼 트레이닝
모든 연습은 템포 60에서 시작해서 점점 템포를 올려 연습한다.

⚠ **연습 1**은 오른손과 오른발을 분리하는 연습이다. 하이햇이 아닌 미들 탐을 오른손으로 연주하는 이유는 하이햇을 치면 발이 하이햇 사이에 정확하게 들어가는지 구별하기 힘들기 때문이다. 탐탐으로 연습하면 소리의 성질이 비슷해서 정확한 연습에 도움을 준다.

연습 1

연습 2

연습 3

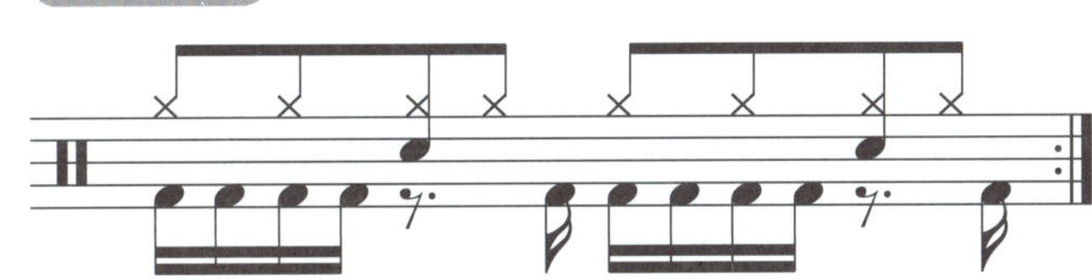

⚠ **연습 4-7**은 발베이스의 2연타을 향상시키는 연습이다.

연습 4

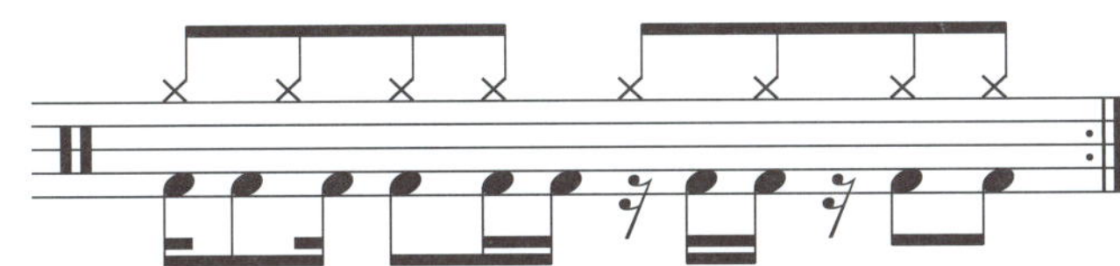

연습 5

연습 6

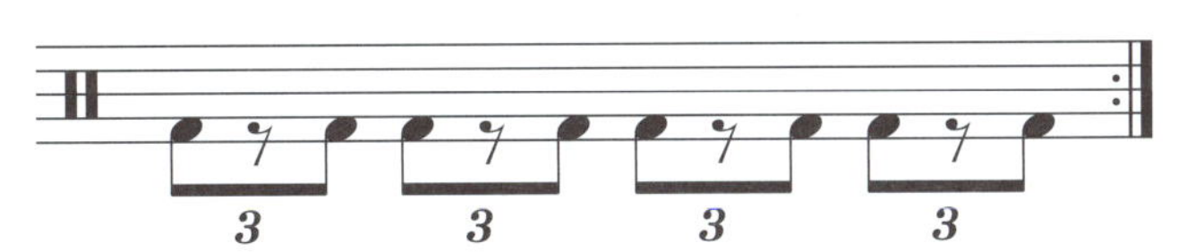

연습 7

QR코드 사용법에 관하여

본 QR코드는 연습의 이해를 돕기 위해 제작된 QR코드로 저자 전재욱 선생님이 직접 레슨하며
학생들이 어려워하는 부분을 음원으로 제작한 것입니다. QR코드의 모범연주를 듣고 참고하여
연습하길 바랍니다.

모범연주는 대부분 미들 템포에서 연주한 것으로 처음은 느린 템포에서 연습하고 익숙해지면
점차 템포를 높여 연습합니다. QR코드를 통해 재생속도를 조절하여 자신이 원하는 속도로 모
범연주를 들을 수 있습니다.

본 QR코드를 개인적인 범위를 넘는 사용목적으로 복제하는 것, 네트워크 등을 통하여 QR코드
에 수록된 음원을 전송 가능한 형태로 전환해서 전송하는 것은 저작권법에 의하여 금지되어 있
습니다.

QR코드 트랙 정보

본 QR코드를 사용하기 위해서는 QR 스캔을 지원하는 스마트폰을 사용해야 합니다.
연습예제의 음원을 찾는 방법은 파일 이름이 P1-1-2의 경우 파트1 레슨1 연습2의 모범연주
입니다.

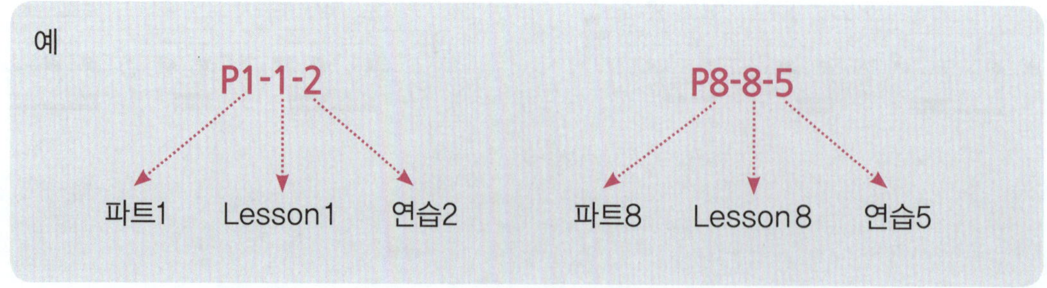

Part 1

- 플램과 필인
- 하이햇 오픈과 필인

BASIC
DRUM **3**
THE FINAL VOLUME

Lesson 1 | 플램(꾸밈음)

STROKE

플램은 하나의 음표 앞에 꾸밈을 넣어 더 풍부한 소리를 내 주는 테크닉이다.

연습 1 　탭 스트로크 연습

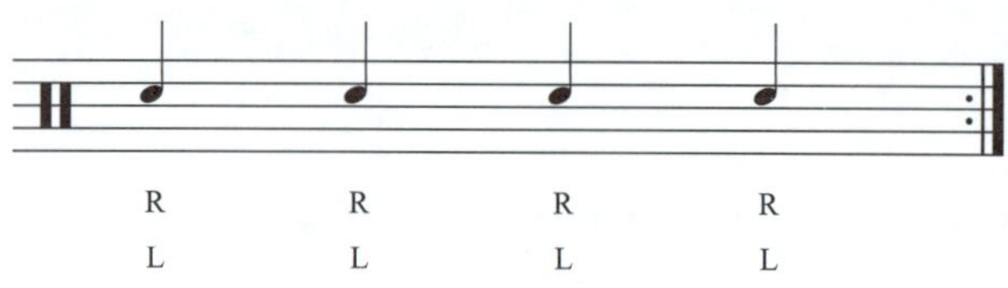

- 플램을 연주하기 위해서는 작게 치는 탭 스트로크가 필수인데 스틱 팁 한 두개 높이로 일정하고 고르게쳐야 한다.

연습 2 　오른손 플램

- 사진과 같이 왼손은 낮게 오른손을 높게 위치하여 친다.
- 꾸밈음(왼손)은 탭 스트로크로 아주 작게 치고 정박의 음표(오른손)보다 살짝 빨리 떨어지게 한다. 플램을 연속으로 치다보면 왼손 탭 스트로크가 높아지는 경우가 많으니 눈으로 높이를 확인하면서 연습하도록 하자.

연습 3 　왼손 플램

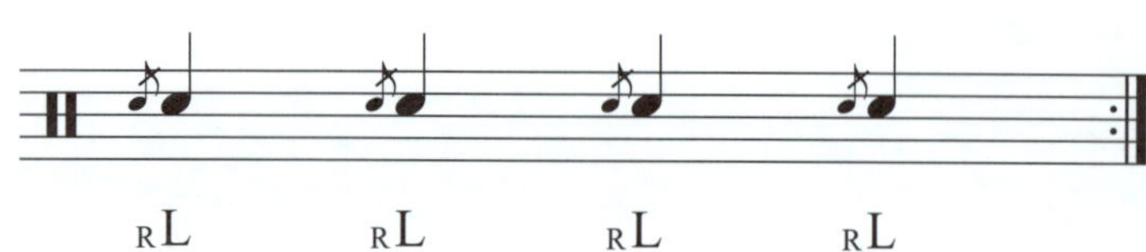

Lesson 2 | 플램연습
STROKE

Lesson 3

FILL-IN

플램을 이용한 기본 필인

록 음악에 쓸 수 있는 기본적인 플램 필인이다.

연습 1 2박 필인

P1-3-1

1

2

3

4

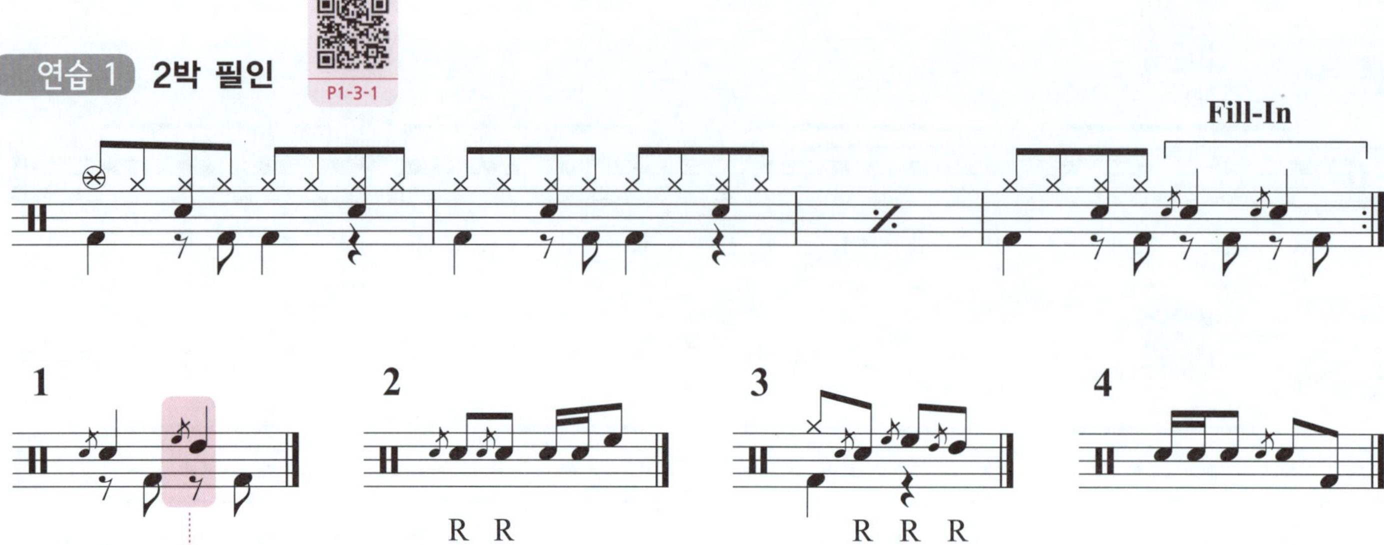

⚠ 왼손은 스몰탐, 오른손을 미들 탐을 쳐서 플램으로 연주한다.
이런 식으로 칠 때는 왼손 꾸밈음을 크게 쳐도 된다.

연습 2 한마디 필인

P1-3-2

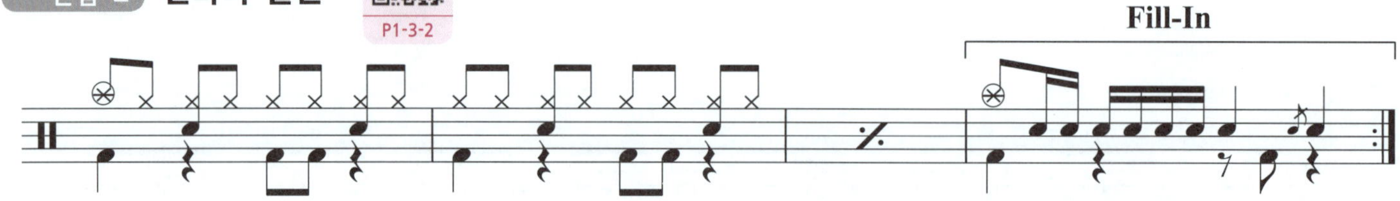

1

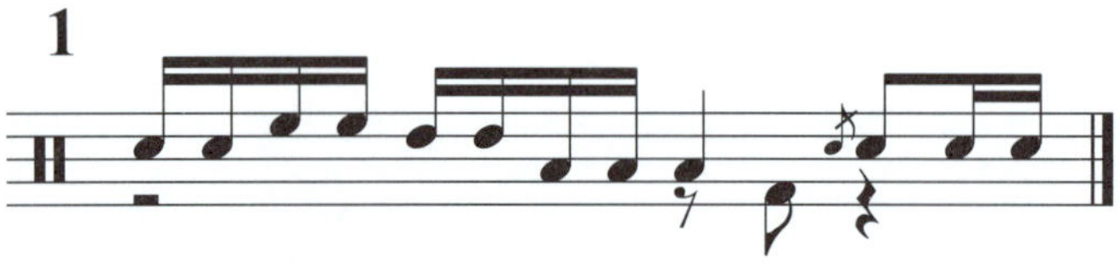

2

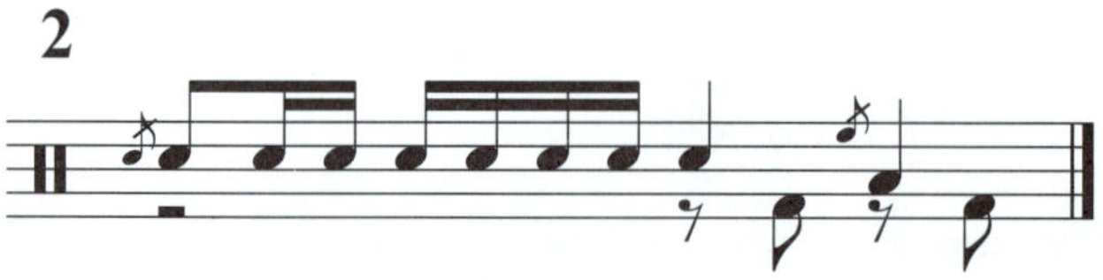

3

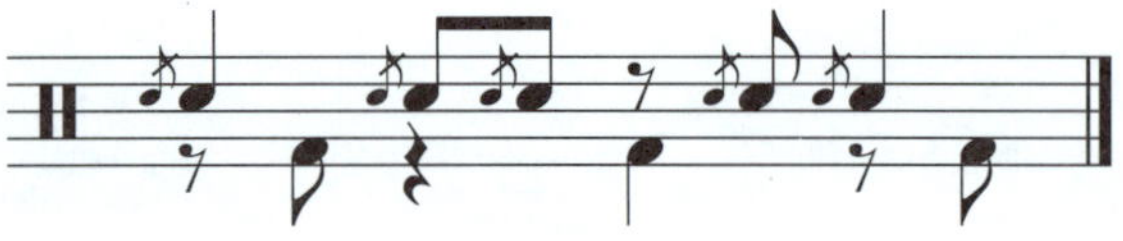

4

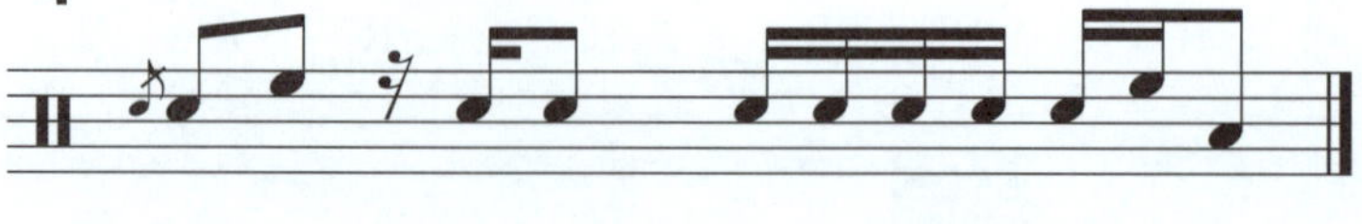

5

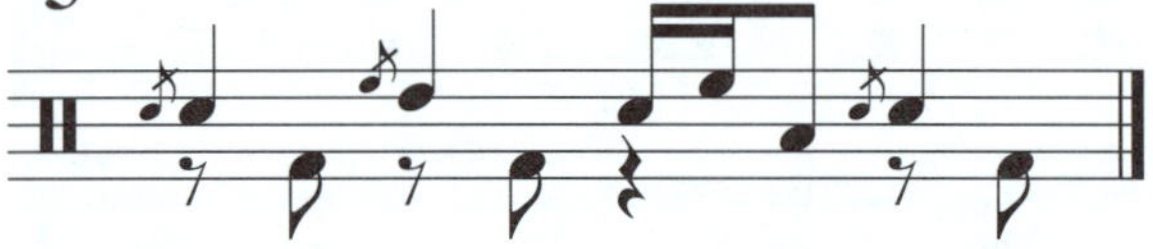

6

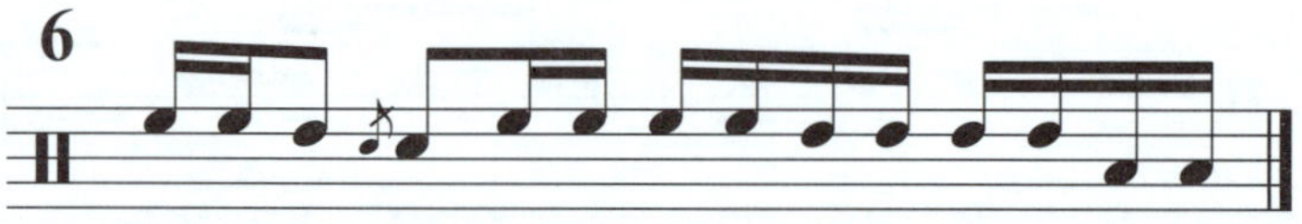

Lesson 4 | 하이햇 오픈
SET

연주법

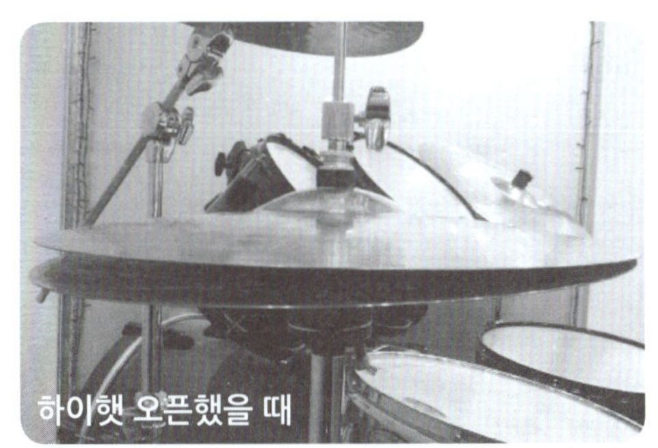

하이햇 오픈했을 때

1. 하이햇 오픈은 왼발 뒤꿈치를 붙이고 앞꿈치를 들어서 오픈 한다. 8분음표 길이 만큼 정확하게 열었다가 +표시에 정확하게 밟아서 닫아준다.

2. 오픈 부분에 왼발을 든다고 해서 오른손 터치가 함께 들리지 않도록 한다. 오픈 부분은 기본적으로 악센트를 조금 줘서 연주하는 편이 소리가 훨씬 좋다. 또 왼발 을 들 때 몸이 기우뚱하지 않도록 주의한다.

3. 조용한 곡은 팁으로 치면서 열지만, 일반적으로는 스틱 숄더 부분으로 쳐서 소리가 시원하게 빠지도록 한다.

4. 하이햇은 한쪽을 기울여서 세팅한다. 기울이지 않고 수평으로 세팅하면 오픈할 때 하이햇이 부딪히지 않아 '치~' 하는 오픈 소리가 나지 않을 수도 있기 때문이다.

5. 하이햇을 얼마나 여는 가는 연주자의 취향 또는 어떤 음악이냐에 따라 다르니 자신만의 소리를 찾아보도록 하자.

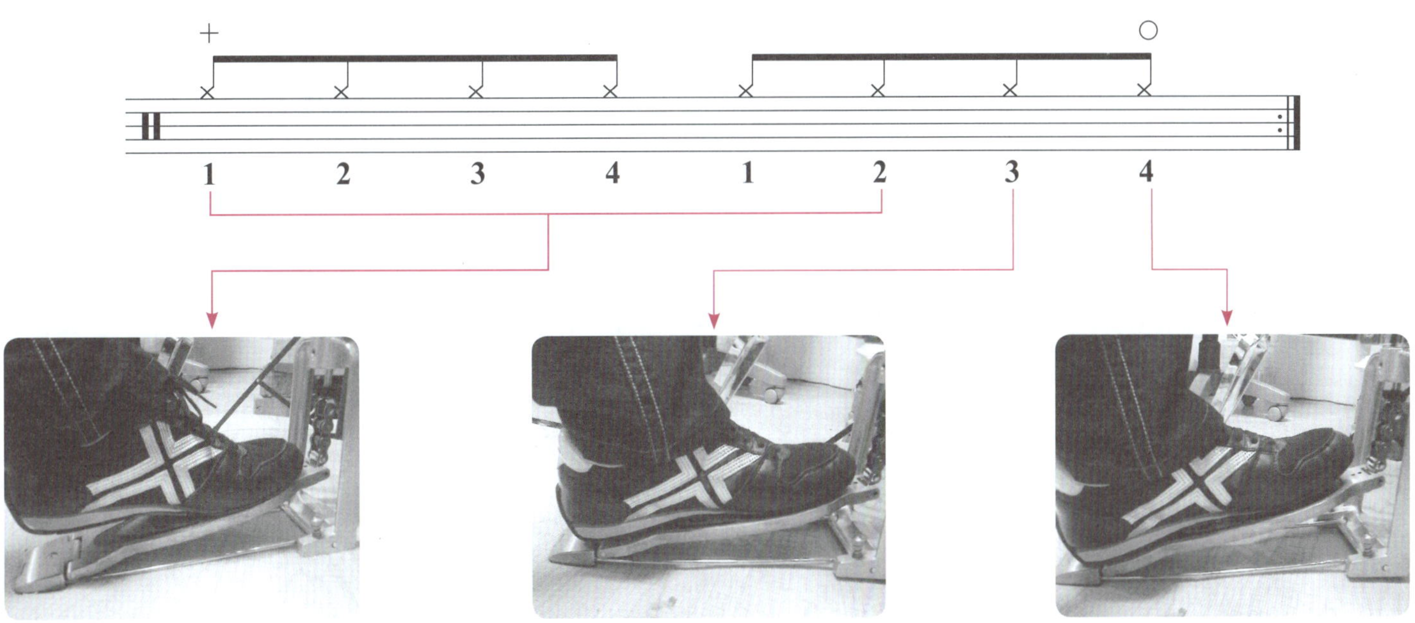

⚠ 왼발 뒤꿈치를 들고 있다가 하이햇을 닫고 3에서 뒤꿈치를 내리고 4에서 앞꿈치를 든다. 3에서 정확하게 뒤꿈치를 내릴 필요는 없다. 4에서 하이햇을 오픈하기전 미리 뒤꿈치를 내려 놓는 것인데, 이 동작을 생략하고 4에서 바로 뒤꿈치를 내리며 오픈해도 상관없다.

Lesson 5

SET

하이햇 오픈 기본 연습

아래 악보 부터는 +기호는 생략한다. ○표시에만 하이햇을 오픈하고 나머지는 닫고 연주한다.

연습 1

P1-5-1

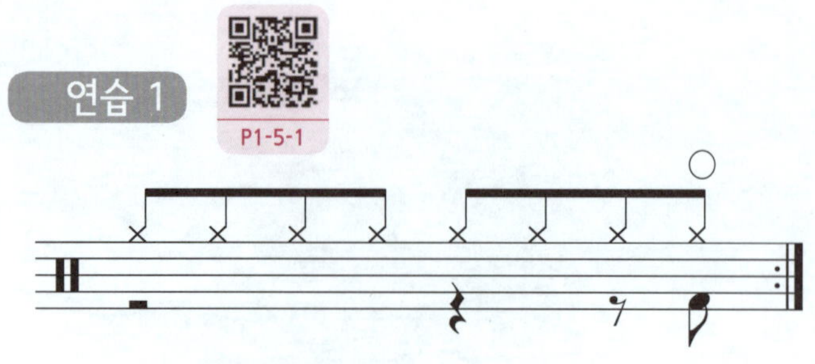

연습 2

P1-5-2

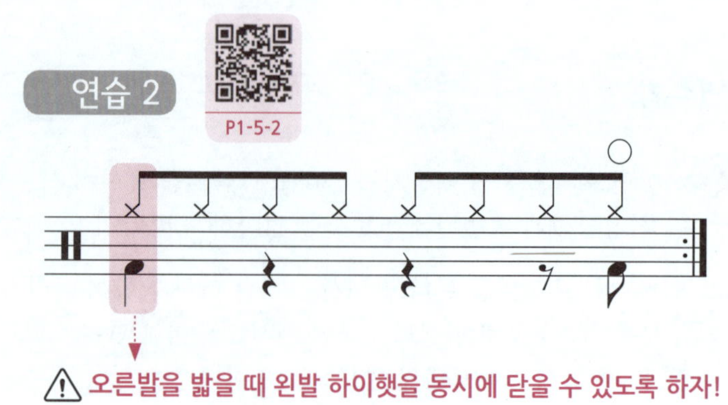

⚠ 오른발을 밟을 때 왼발 하이햇을 동시에 닫을 수 있도록 하자!

연습 3

P1-5-3

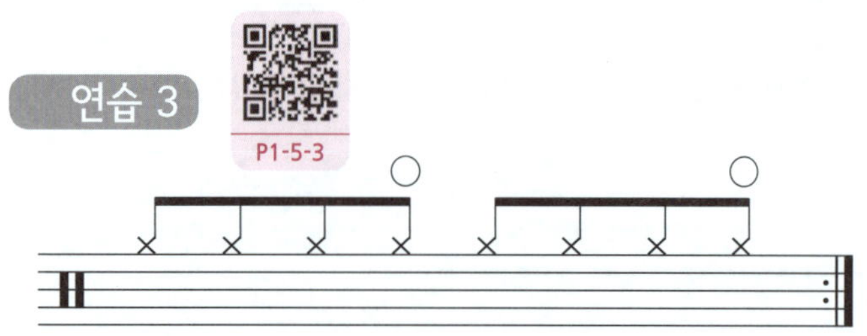

연습 4

P1-5-4

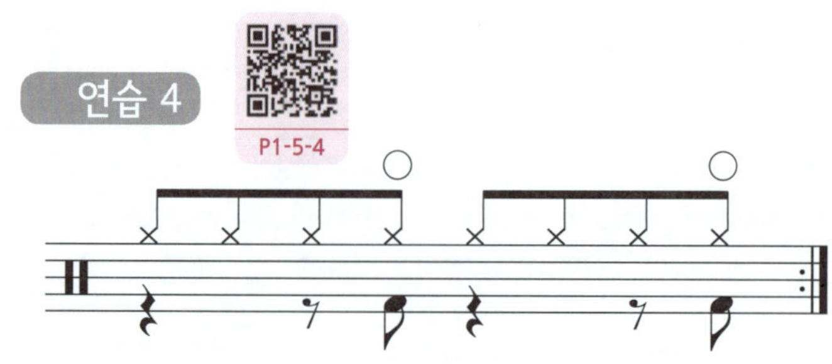

연습 5

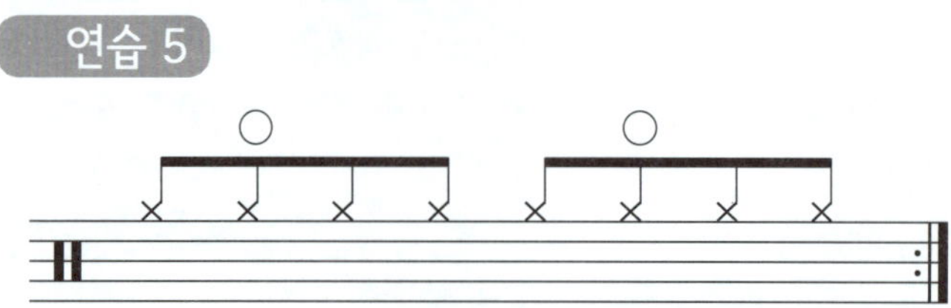

연습 6

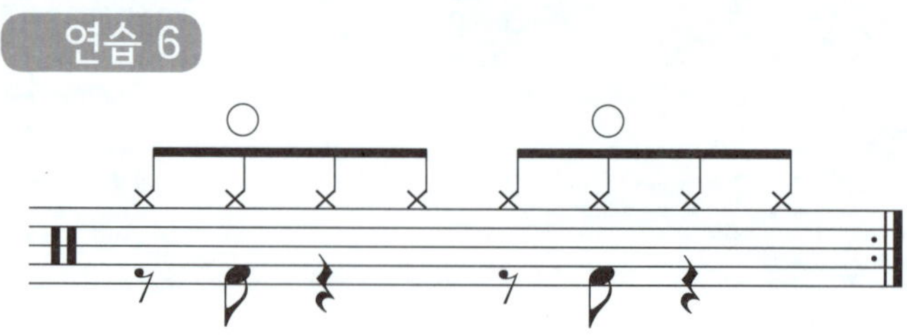

연습 7

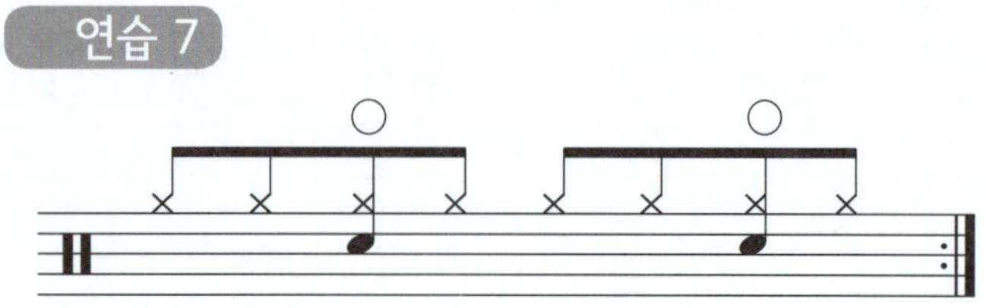

연습 8

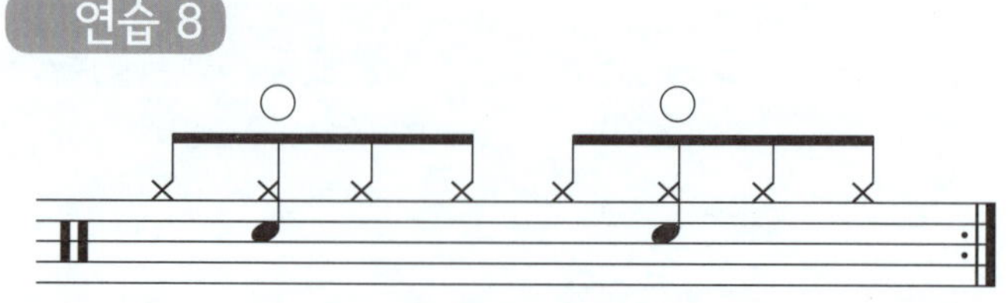

Lesson 6 | 응용연습

SET

연습 1

P1-6-1

연습 2

P1-6-2

연습 3

연습 4

연습 5

연습 6

Lesson 7 | 응용연습

SET

Lesson 8 | 응용연습

SET

연습 1

연습 2

연습 3

연습 4

연습 5 디스코 리듬

Pumpkin's Tip 위의 연습들이 잘 안된다면 아래의 악보를 먼저 연습한다.

⚠ 위와 같이 오픈이 연속적으로 나올 때에는 왼발 뒤꿈치를 페달에 붙여 놓은 채로 있는 것이 좋다.

Lesson 9 | 하이햇 오픈 필인

FILL-IN

크래쉬 심벌과 같은 방법으로 응용할 수 있다.

SOLO 1

SOLO 2

Part 2

- 하이햇 8비트+16분음표 베이스 드럼

Lesson 1

SET

베이스 리듬을 16분음표로!

베이스도 손처럼 16분음표로 넣을 수 있다. LESSON 1~3은 발 16분음표의 기본적인 트레이닝이다. 베이스 드럼은 강약 없이 똑같은 세기로 밟는것을 기본으로 한다.

연습 1   ♩ = 60부터 천천히

P2-1-1

연습 2

P2-1-2

연습 3

P2-1-3

연습 4

P2-1-4

연습 5

P2-1-5

Lesson 2 | 응용연습

SET

Lesson 3 | 응용연습
SET

연습 1

연습 2

연습 3

연습 4

연습 5

연습 6

Lesson 4

SET

연습 1

연습 2

연습 3

연습 4

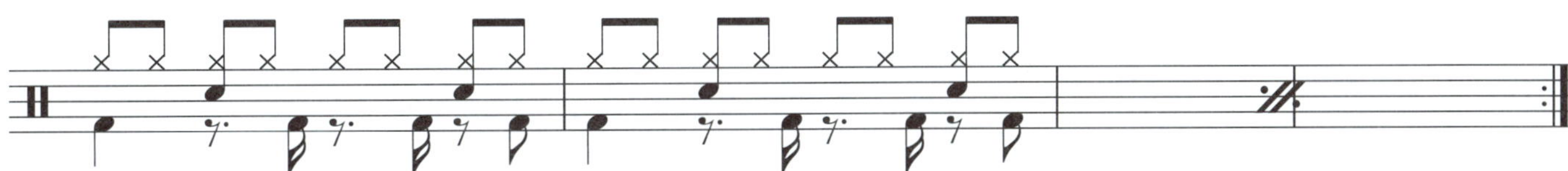

연습 5

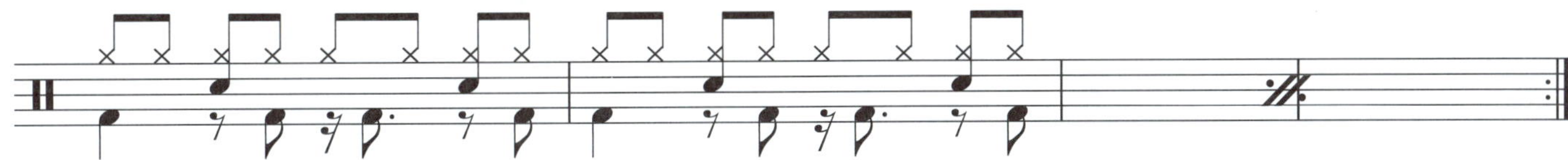

연습 6

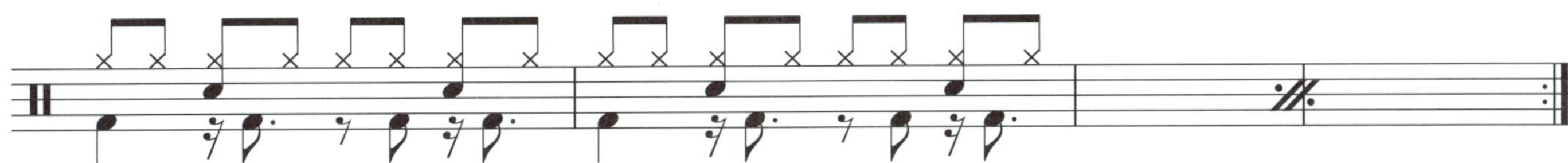

Lesson 5　응용연습

SET

연습 1

연습 2

연습 3

연습 4

연습 5

연습 6

Lesson 6

SET

응용연습

아래 리듬들은 자주 사용되는 리듬이다. 잘 익혀두자!

연습 1

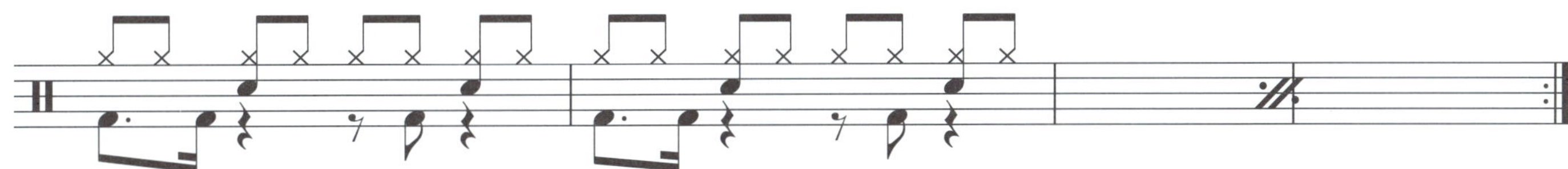

연습 2

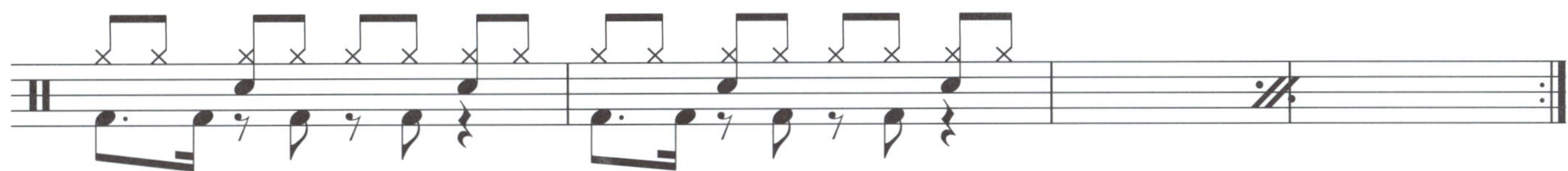

연습 3

연습 4

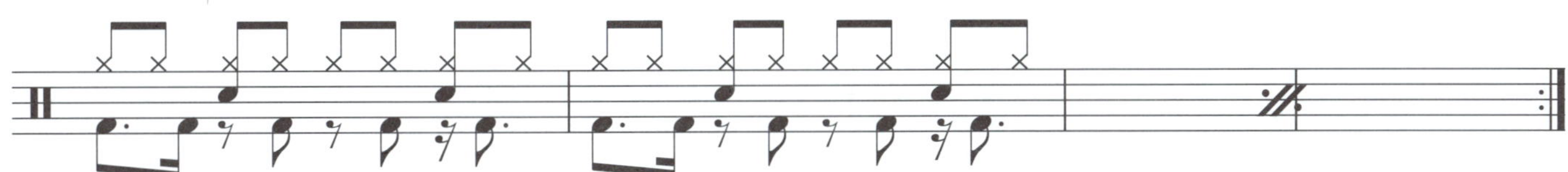

연습 5

연습 6

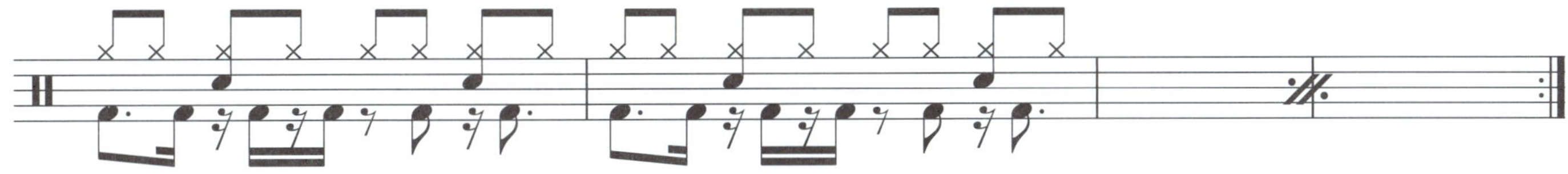

Lesson 7 | 응용연습
SET

연습 1

연습 2

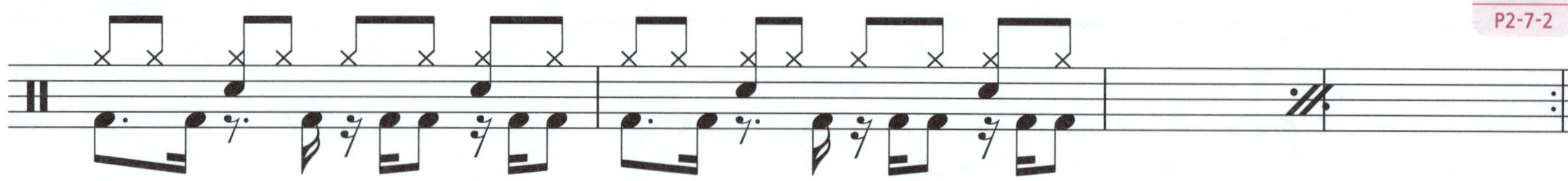

연습 3

연습 4

연습 5

연습 6

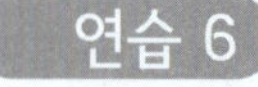

Lesson 8 | 응용연습
SET

연습 1

연습 2

연습 3

연습 4

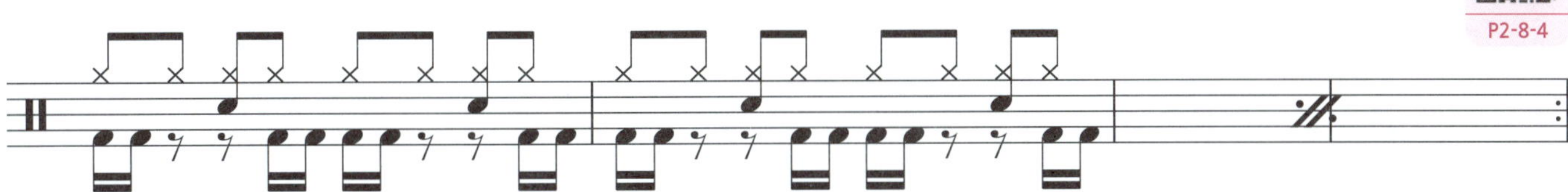

연습 5

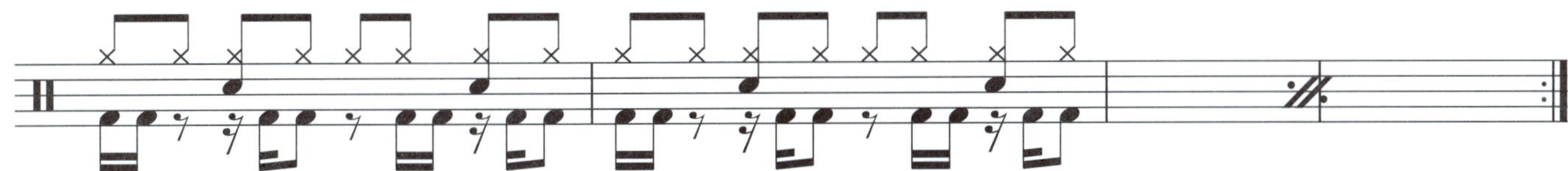

연습 6

Lesson 9 | 응용연습
SET

Lesson 10 | 응용연습

SET

연습 1

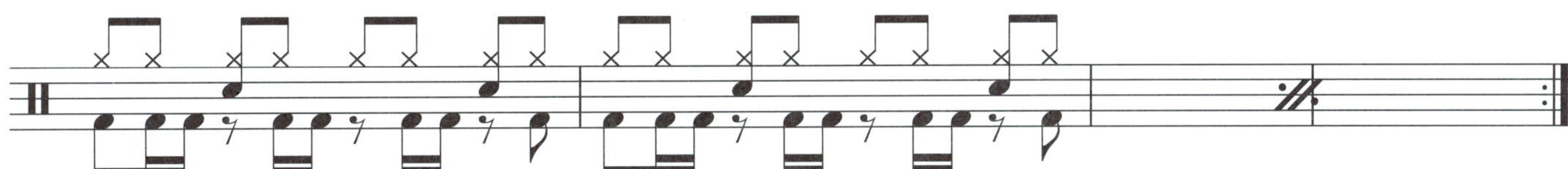

연습 2

연습 3

연습 4

연습 5

연습 6

Lesson 11 | 응용연습
SET

연습 1

연습 2

연습 3

연습 4

연습 5

연습 6

Lesson 12 | 응용연습

SET

연습 1

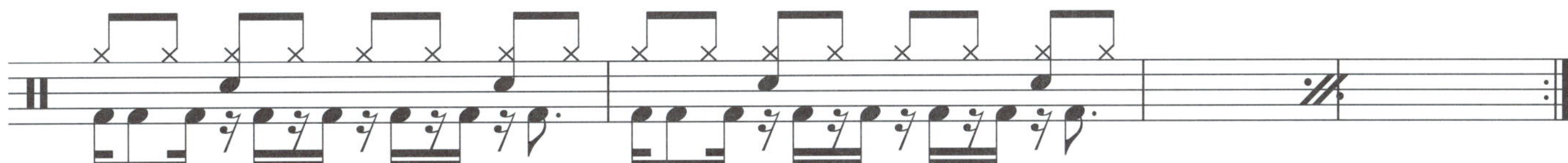

연습 2

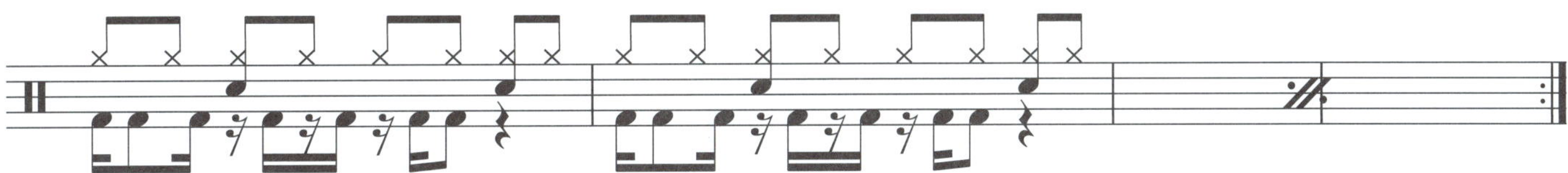

연습 3

연습 4

연습 5

연습 6

Lesson 13

SET

스네어 위치가 변형된 리듬

네번째 마디의 스네어 위치를 바꿈으로써 독특하고 세련된 느낌을 낼 수 있고 리듬 자체를 필인으로 쓸 수도 있다.

연습 1

연습 2

연습 3

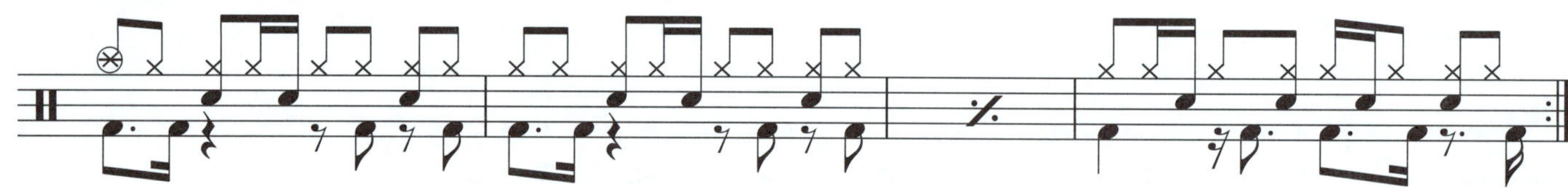

연습 4

연습 5

연습 6

Lesson 14

FILL-IN

컴비네이션

자주 쓰이는 간단한 손발 컴비네이션을 익혀보자.

⚠ 느린 템포부터 시작해 점점 속도를 올리고 베이스 드럼이 정확하게 나오도록 주의해서 연습한다.

연습 1  P2-14-1

연습 2

연습 3

연습 4 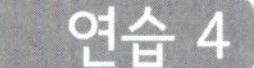 P2-14-4

연습 5

연습 6 P2-14-6

컴비네이션을 활용한 필인 활용의 예

연습 7 P2-14-7

SOLO 3

SOLO 4

SOLO 5

Part 3

-하이햇 16비트+16분음표 베이스 드럼

Lesson 1

SET

한손 하이햇 16비트 + 16분음표 베이스 드럼

오른손 하이햇과 발이 하나 하나 정확하게 떨어지도록 연습한다.

연습 1

연습 2

연습 3

연습 4

연습 5

Lesson 2 | 응용연습

SET

연습 1

연습 2

연습 3

연습 4

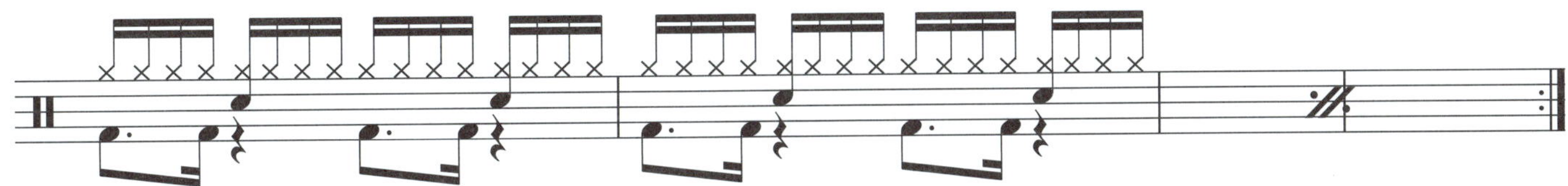

연습 5

연습 6

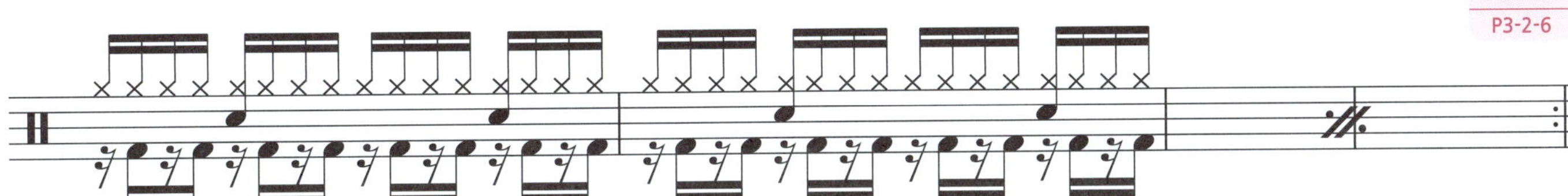

Lesson 3 | 응용연습
SET

연습 1

연습 2

연습 3

연습 4

연습 5

연습 6

Lesson 4

응용연습

SET

연습 1

연습 2

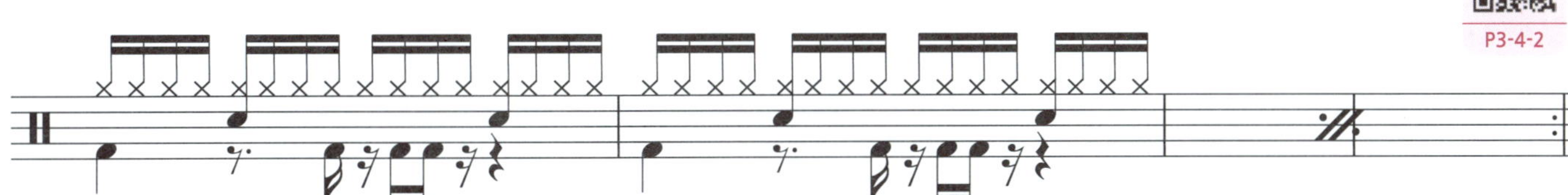

연습 3

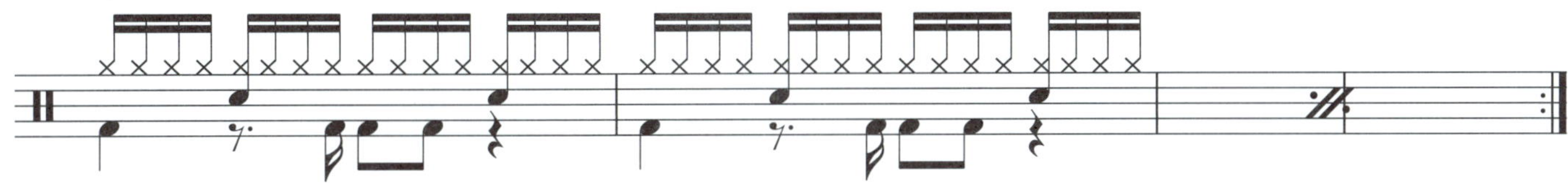

연습 4

연습 5

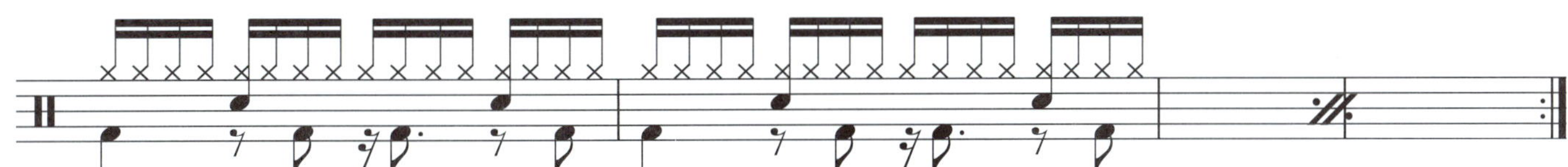

연습 6

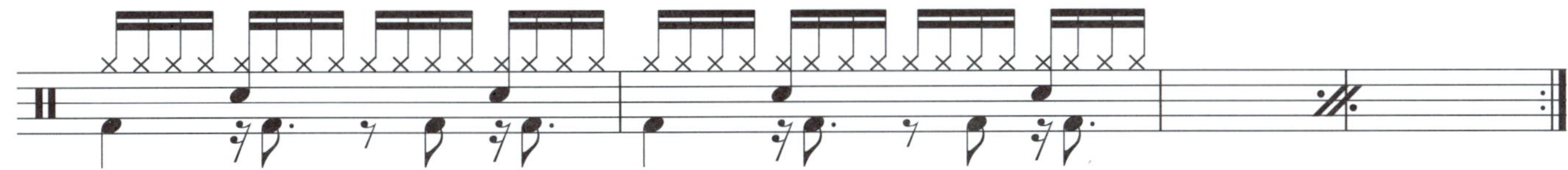

Lesson 5 | 응용연습

SET

연습 1

연습 2

연습 3

연습 4

연습 5

연습 6

Lesson 6 | 응용연습
SET

연습 1

연습 2

연습 3

연습 4

연습 5

연습 6

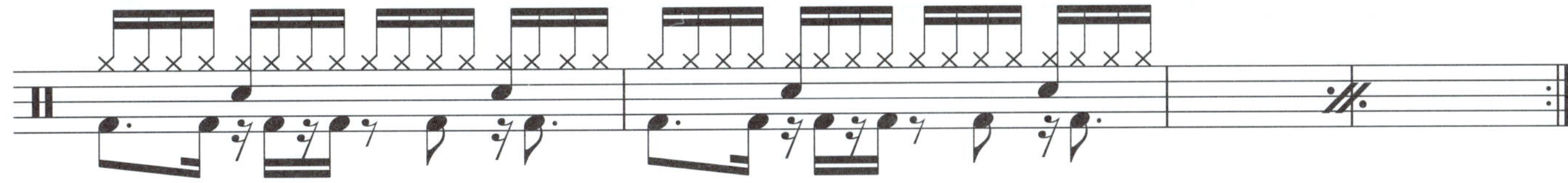

Lesson 7 | 응용연습
SET

연습 1

연습 2

연습 3

연습 4

연습 5

연습 6

Lesson 8 | 응용연습

SET

연습 1

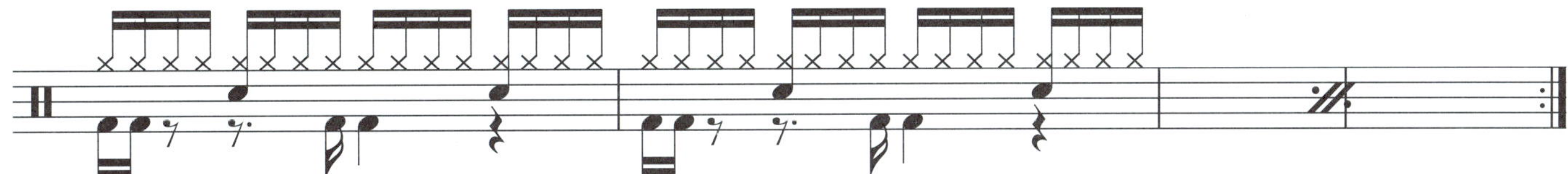

연습 2

연습 3

연습 4

연습 5

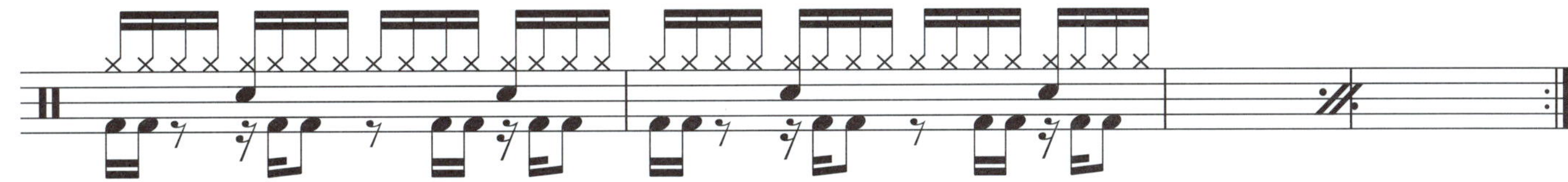

연습 6

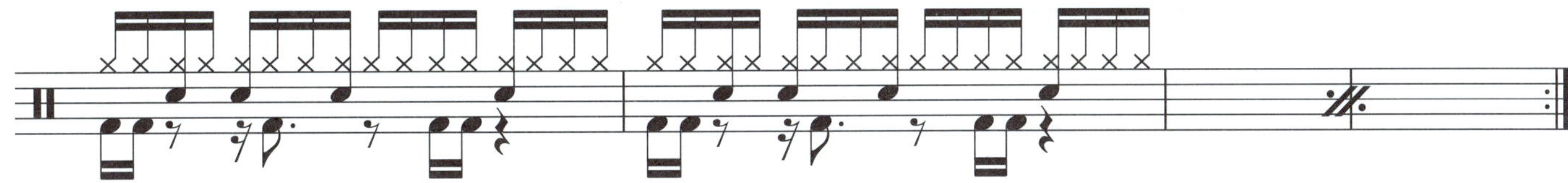

Lesson 9 | 응용연습

SET

Lesson 10 | 응용연습

SET

연습 1

연습 2

연습 3

연습 4

연습 5

연습 6

Lesson 11 | 응용연습

SET

연습 1

연습 2

연습 3

연습 4

연습 5

연습 6

Lesson 12 | 응용연습
SET

연습 1

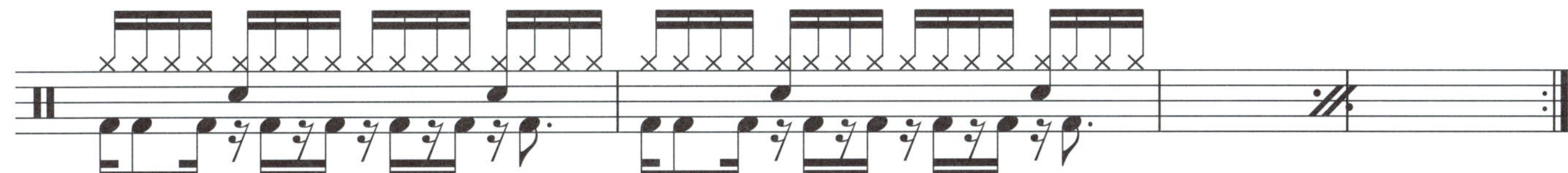

연습 2

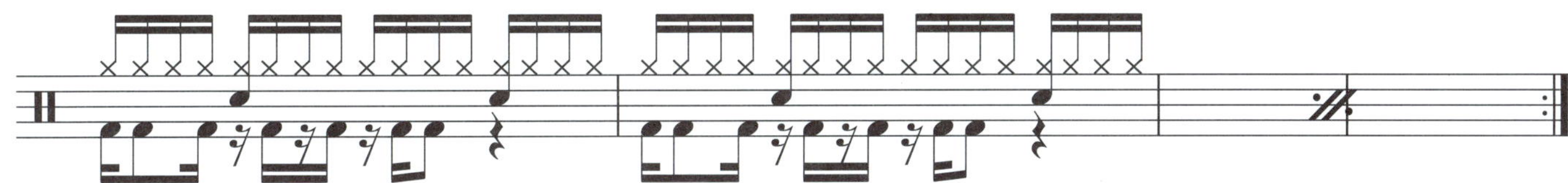

연습 3

연습 4

연습 5

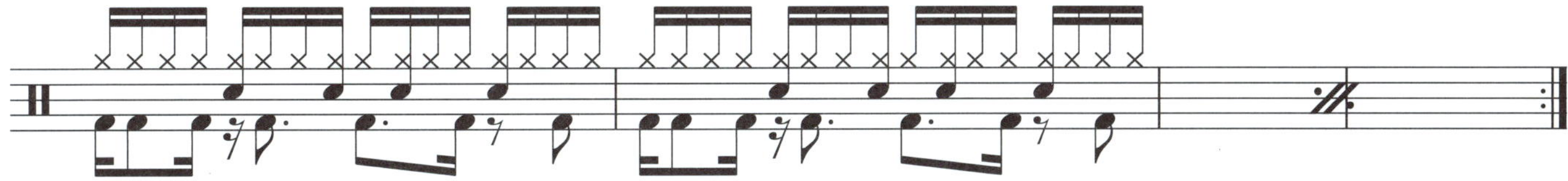

연습 6

SOLO 6

SOLO 7

P3-SOLO7

⚠ 9~16마디는 한손 16비트라 생각하고 연주한다.

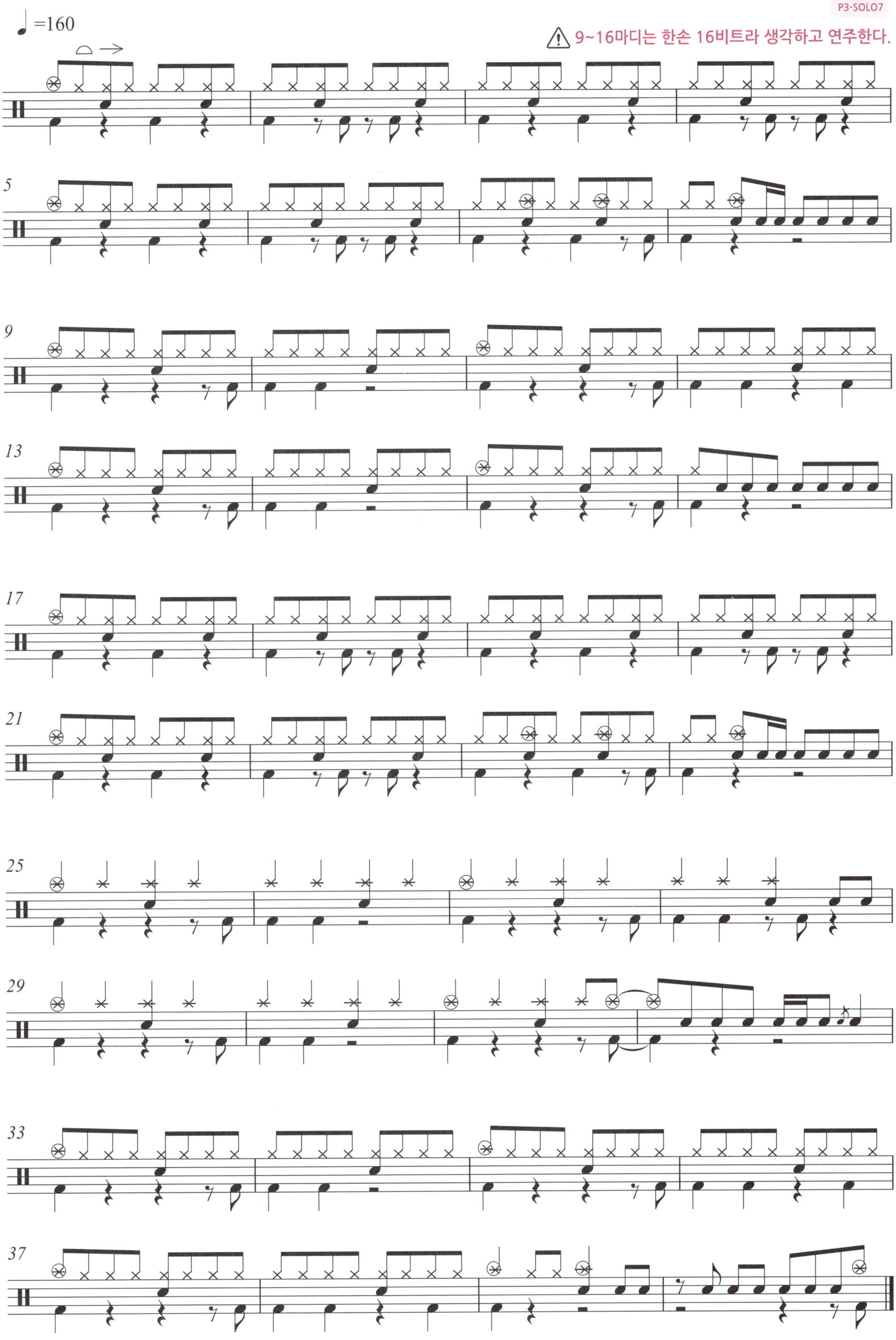

Part 4

- 양손 하이햇 16비트+16분음표 베이스 드럼

Lesson 1

SET

양손 하이햇 16비트 + 16분음표 베이스 드럼

양손과 발이 정확하게 떨어지도록 템포 60부터 천천히 연습한다.

연습 1

연습 2

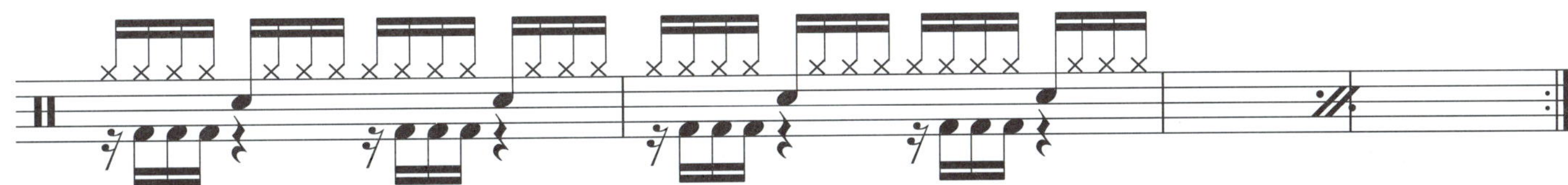

연습 3

연습 4

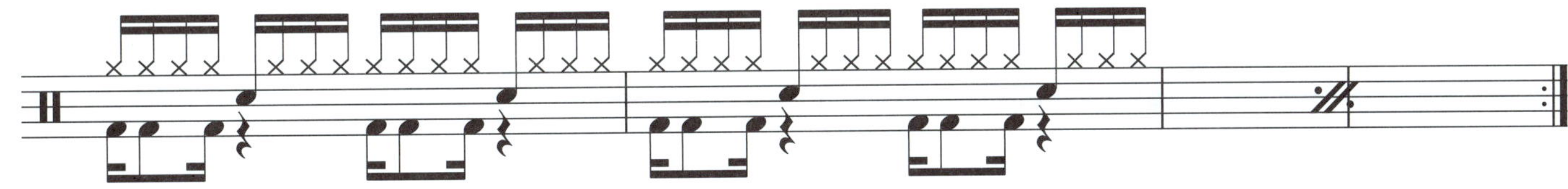

연습 5

Lesson 2 | 응용연습

SET

연습 1

연습 2

연습 3

연습 4

연습 5

연습 6

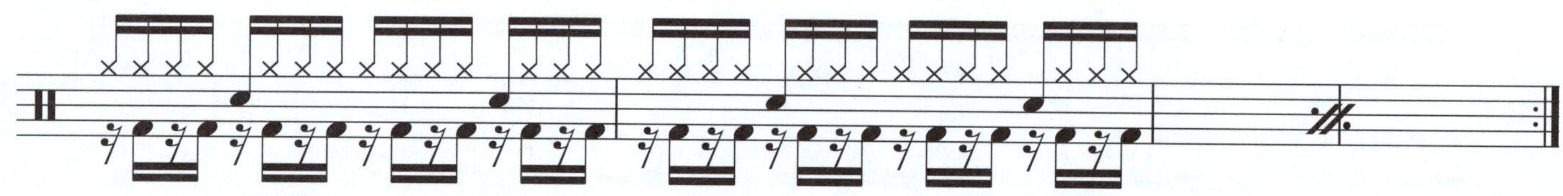

Lesson 3 | 응용연습

SET

연습 1

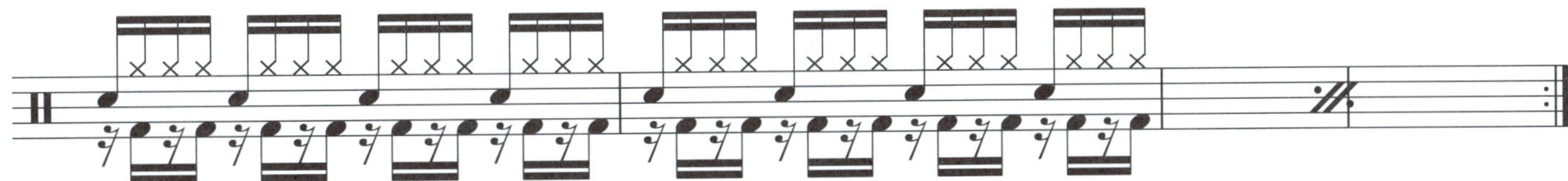

연습 2

연습 3

연습 4

연습 5

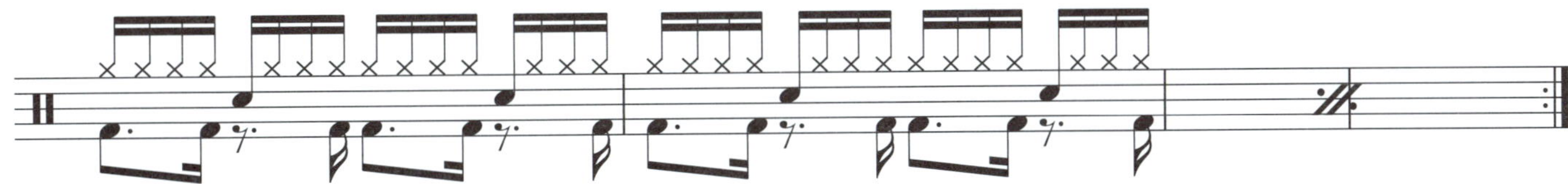

연습 6

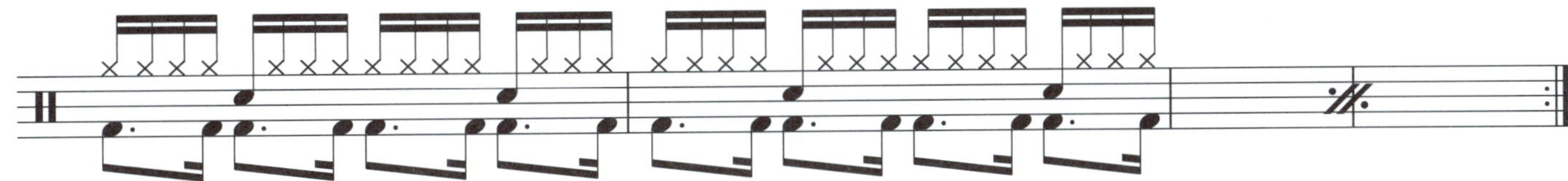

Lesson 4 | 응용연습

SET

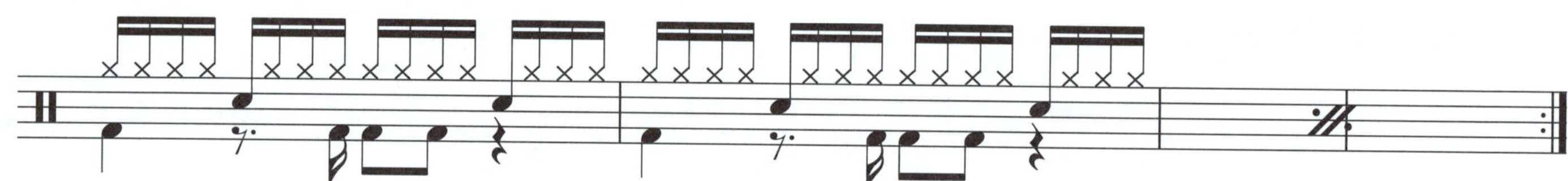

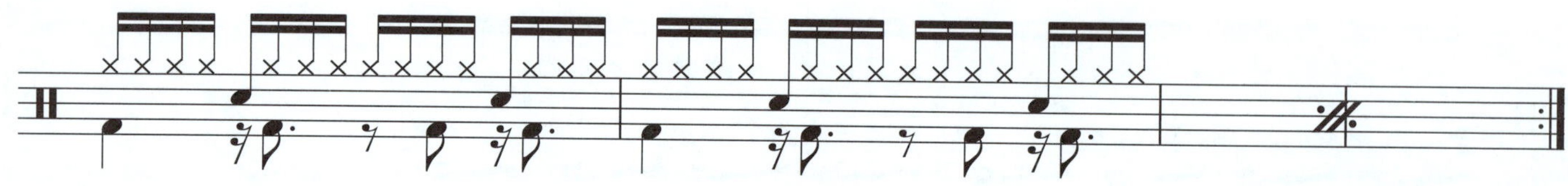

Lesson 5 | 응용연습
SET

연습 1

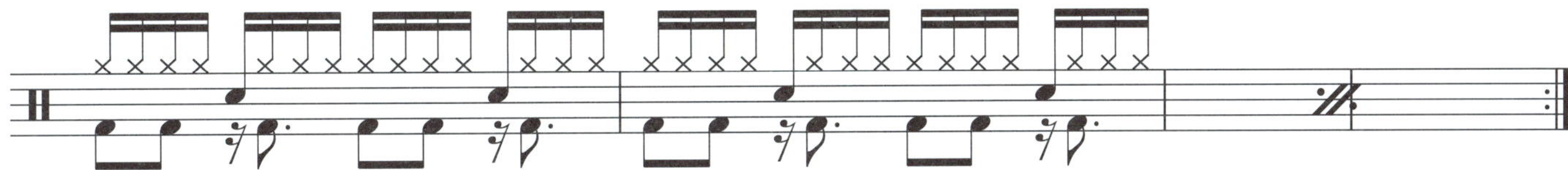

연습 2

연습 3

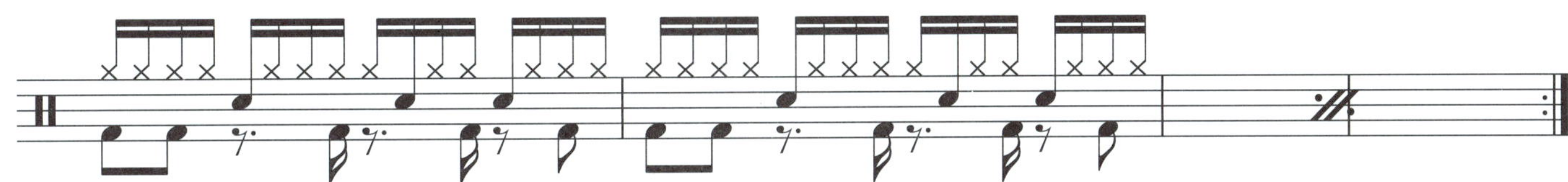

연습 4

연습 5

연습 6

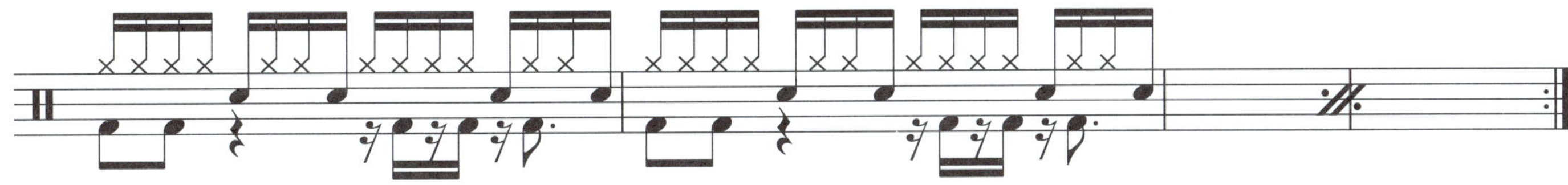

Lesson 6 | 응용연습
SET

연습 1

연습 2

연습 3

연습 4

연습 5

연습 6

Lesson 7 | 응용연습

SET

연습 1

연습 2

연습 3

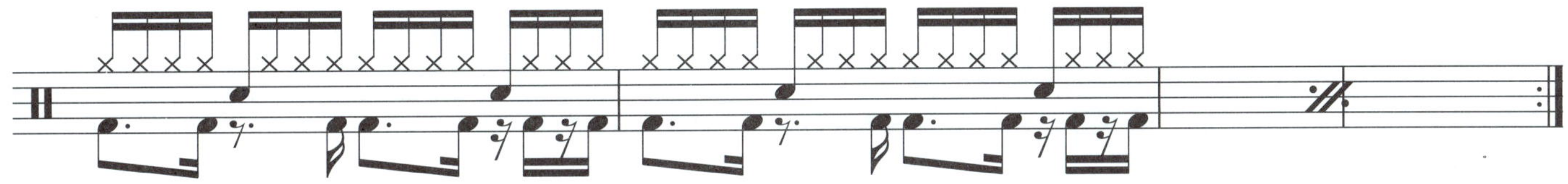

연습 4

연습 5

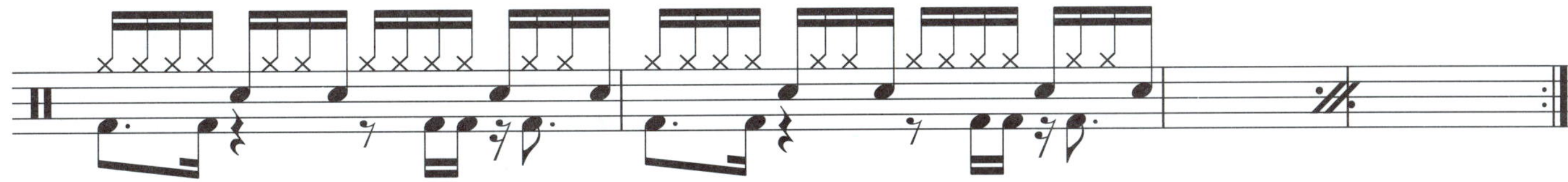

연습 6

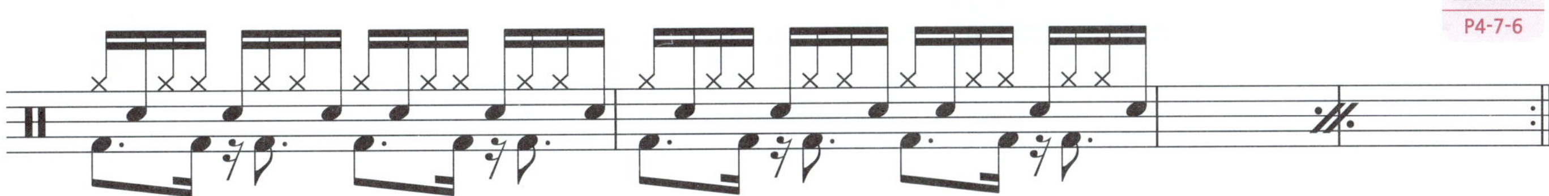

Lesson 8

SET

연습 1

연습 2

연습 3

연습 4

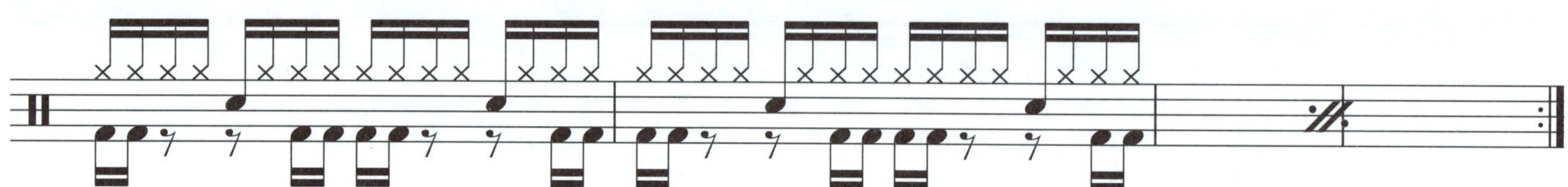

연습 5

연습 6

Lesson 9 | 응용연습
SET

연습 1

연습 2

연습 3

연습 4

연습 5

연습 6

Lesson 10 | 응용연습
SET

연습 1

연습 2

연습 3

연습 4

연습 5

연습 6

Lesson 11 | 응용연습

SET

연습 1

연습 2

연습 3

연습 4

연습 5

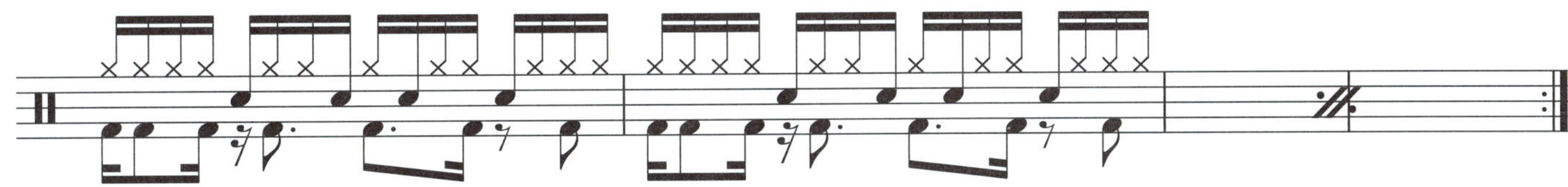

연습 6

SOLO 8

SOLO 9

Part 5

- 하이햇 4비트+16분음표 베이스 드럼

Lesson 1

SET

하이햇 4비트 + 16분음표 베이스 드럼

오른손 하이햇 터치가 일정하도록 신경 쓰고 악센트를 주어 연주한다.

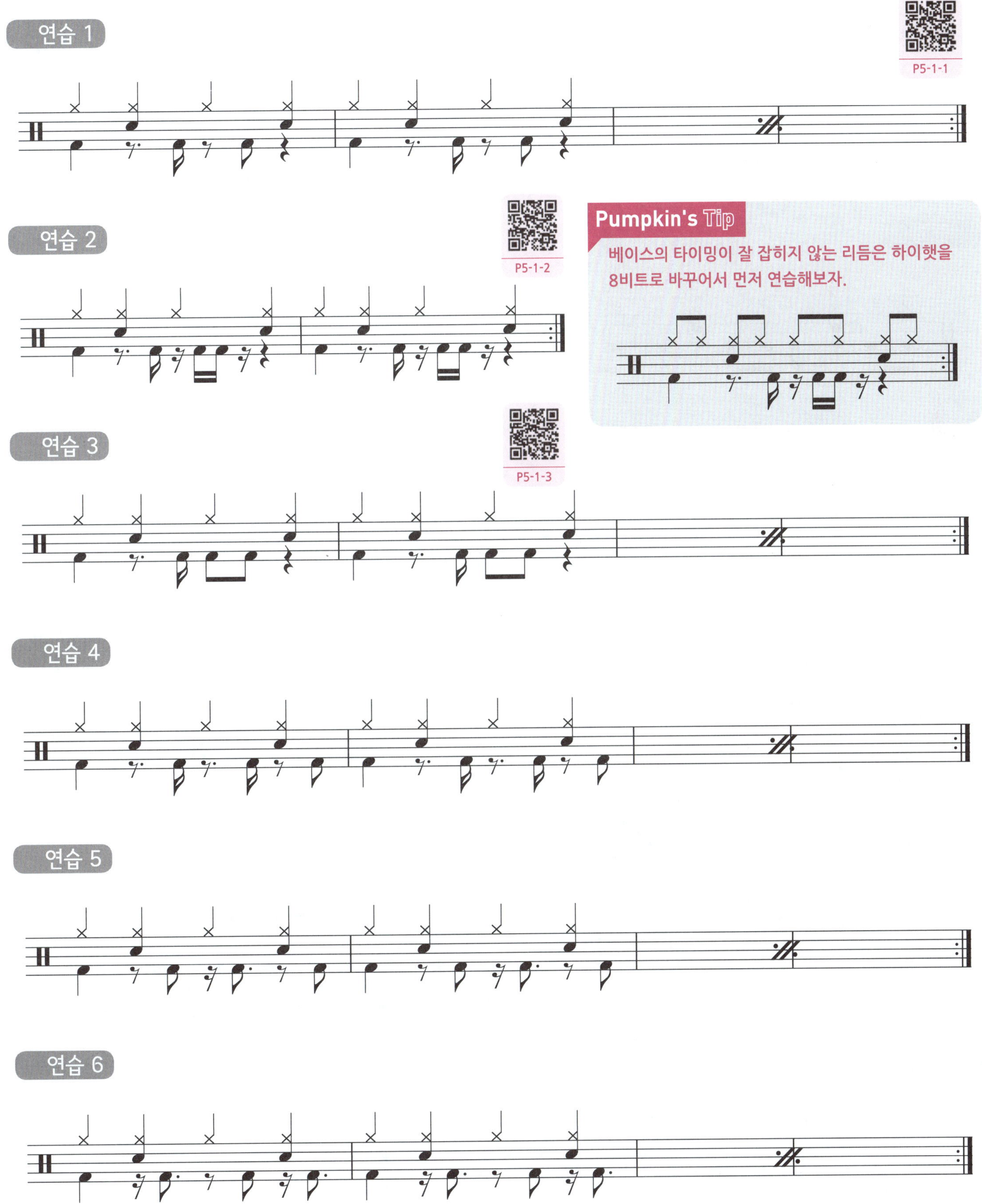

Lesson 2
SET

응용연습

하이햇을 크래쉬 심벌이나 차이나 심벌로 옮겨서도 연습해보자.

연습 1

연습 2

연습 3

연습 4

연습 5

연습 6

Lesson 3 | 응용연습
SET

연습 1

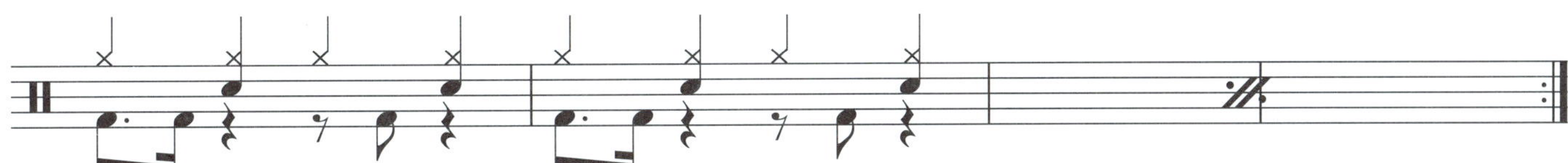

연습 2

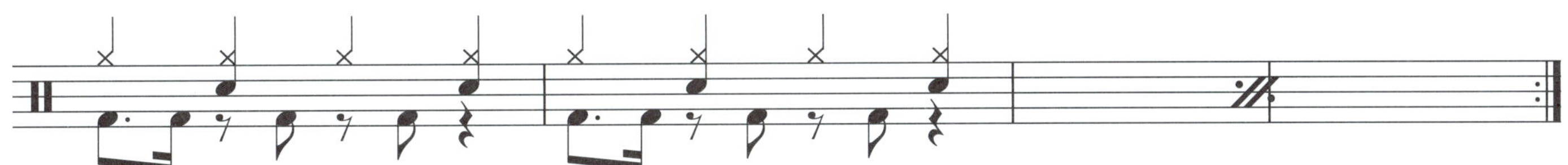

연습 3

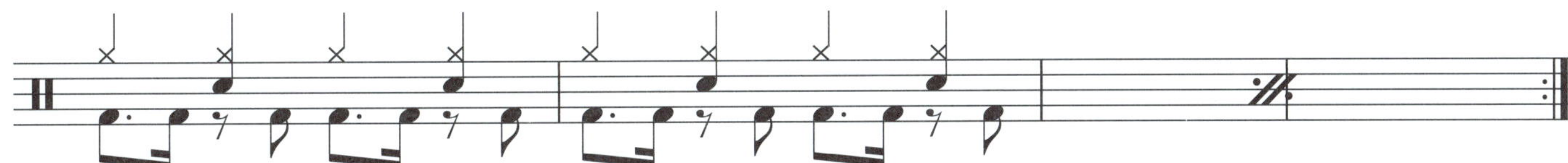

연습 4

연습 5

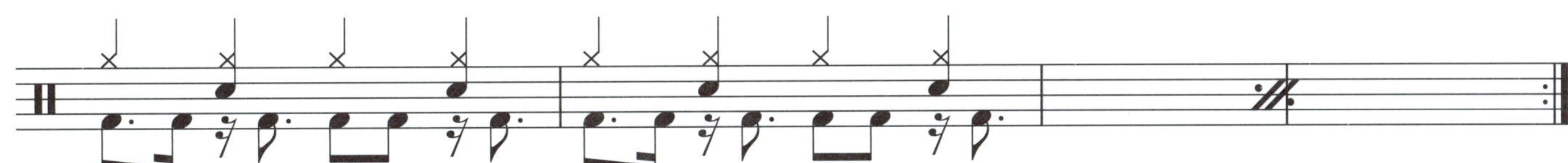

연습 6

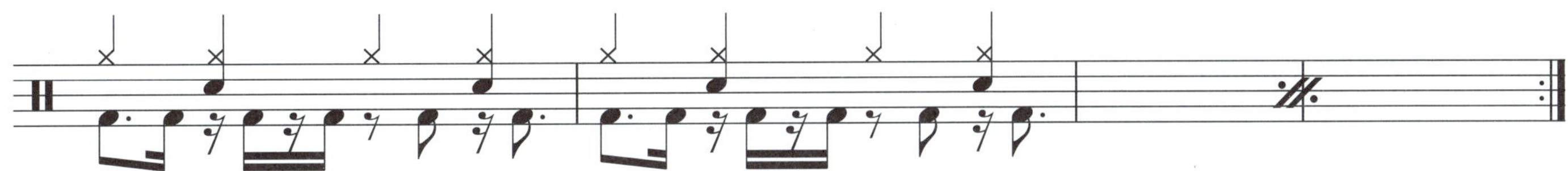

Lesson 4 | 응용연습

SET

연습 1

P5-4-1

연습 2

P5-4-2

연습 3

P5-4-3

연습 4

P5-4-4

연습 5

P5-4-5

연습 6

P5-4-6

Pumpkin's Tip 이해가 잘 안되는 리듬은 8비트로 먼저 쳐보자.

Lesson 5 | 응용연습

SET

연습 1

P5-5-1

연습 2

연습 3

연습 4

연습 5

P5-5-5

연습 6

Lesson 6 | 응용연습
SET

연습 1

연습 2

연습 3

연습 4

연습 5

연습 6

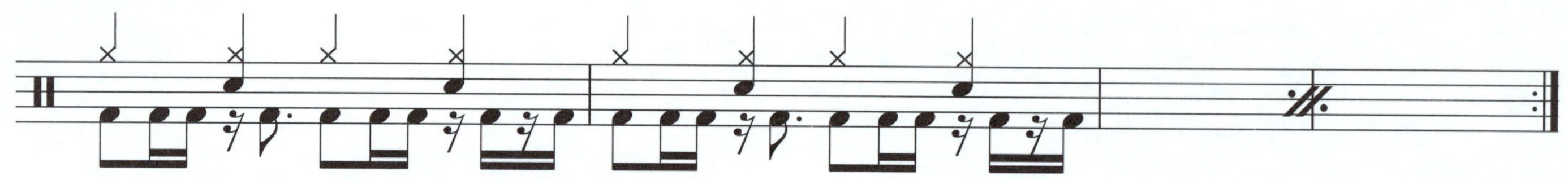

Lesson 7 | 응용연습
SET

연습 1

연습 2

연습 3

연습 4

연습 5

연습 6

연습 1

연습 2

연습 3

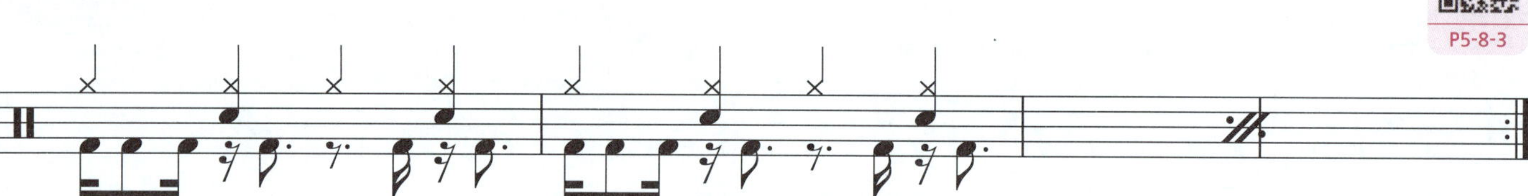

연습 4

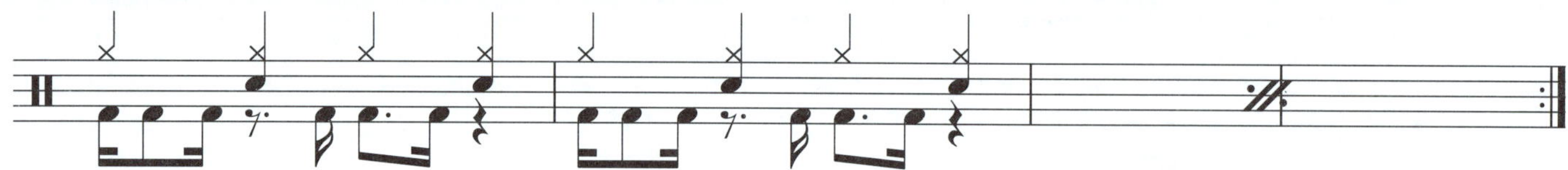

연습 5

연습 6

Lesson 9 | 응용연습

SET

SOLO 10

SOLO 11

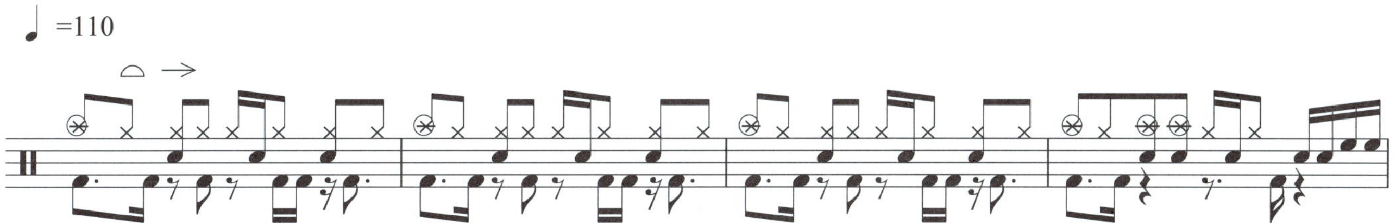

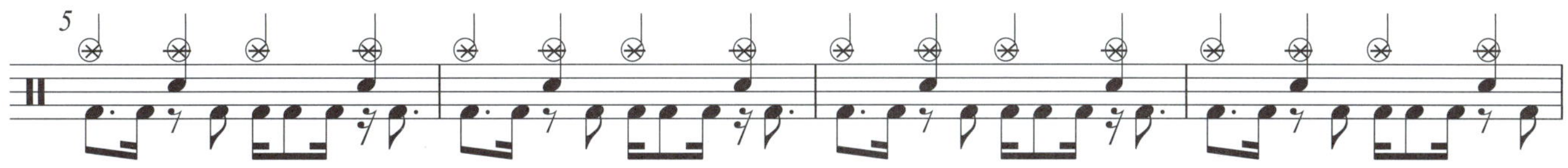

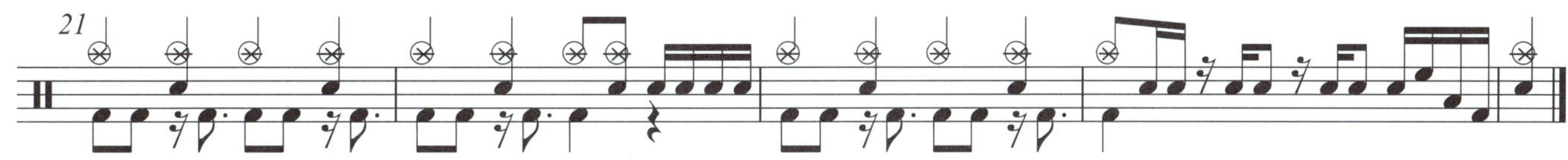

Part 6

- 하이햇 엇박 리듬+16분음표 베이스 드럼

연습 1

P6-1-1

연습 2

P6-1-2

연습 3

P6-1-3

연습 4

P6-1-4

연습 5

P6-1-5

연습 6

Lesson 2 | 응용연습
SET

연습 1

연습 2

연습 3

연습 4

연습 5

연습 6

Lesson 3 | 응용연습

SET

연습 1

연습 2

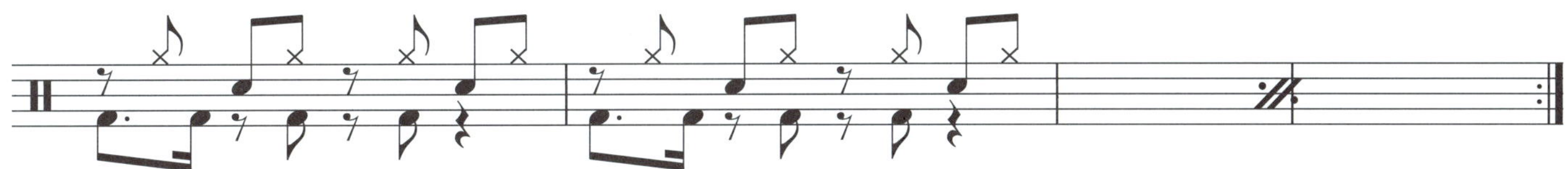

연습 3

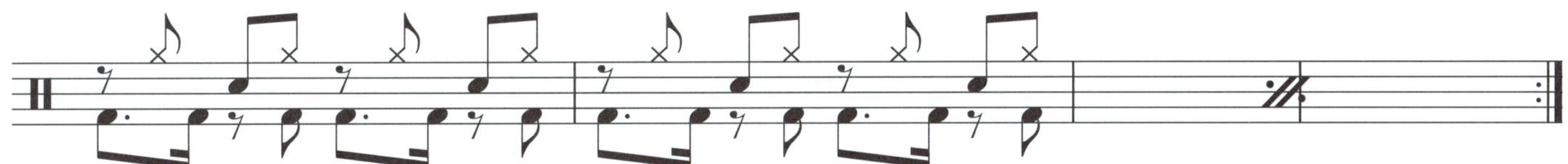

연습 4

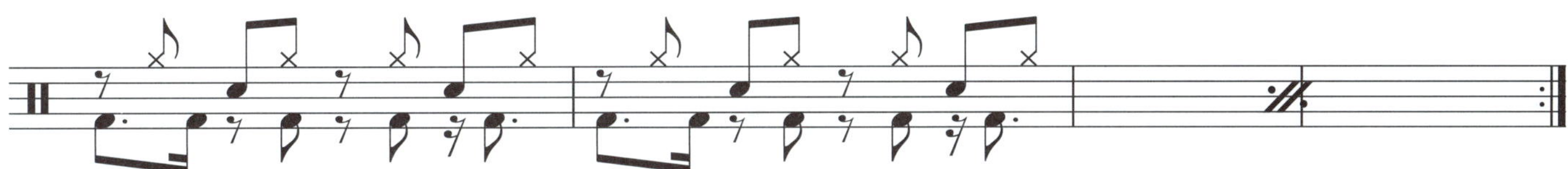

연습 5

연습 6

Lesson 4 | 응용연습

SET

연습 1

연습 2

연습 3

연습 4

연습 5

연습 6

Lesson 5 | 응용연습

SET

연습 1

연습 2

연습 3

연습 4

연습 5

연습 6

Lesson 6 | 응용연습

SET

연습 1

연습 2

연습 3

연습 4

연습 5

연습 6

Lesson 7 | 응용연습
SET

연습 1

연습 2

연습 3

연습 4

연습 5

연습 6

Lesson 8 | 응용연습

SET

Lesson 9 | 응용연습
SET

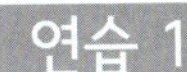

연습 2

연습 3

연습 4

연습 5

연습 6

SOLO 12

Part 7

- 16분음표 싱코페이션

Lesson 1 | 16분음표 싱코페이션

SET

SOLO 13

악보상에는 8분음표 싱코페이션이지만 템포가 빠르기 때문에 16분음표 싱코페이션으로 이해한다.
25마디 부터는 Lesson 1의 연습 6 을 8분음표로 표기 한 것이다.

SOLO 14

P7-SOLO14

Part 8

Lesson 1

STROKE

어려운 리듬에 도전하자

음원은 템포 85로 녹음 되어 있는데 속도를 점점 더 올리도록 하자. 처음에는 어렵겠지만 Lesson 1, 2만 연습하고 나면 스네어 리듬에 대한 자신감이 붙을 것이다.

연습 1

P8-1-1

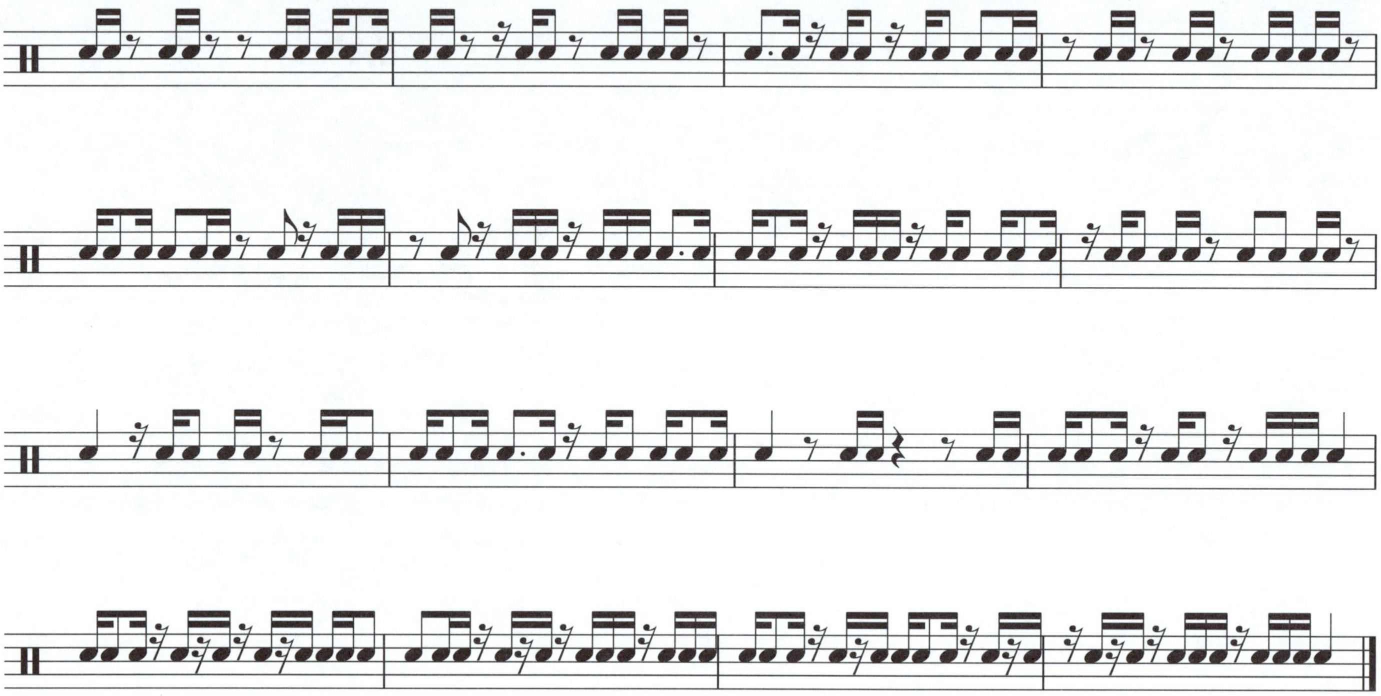

연습 2

P8-1-2

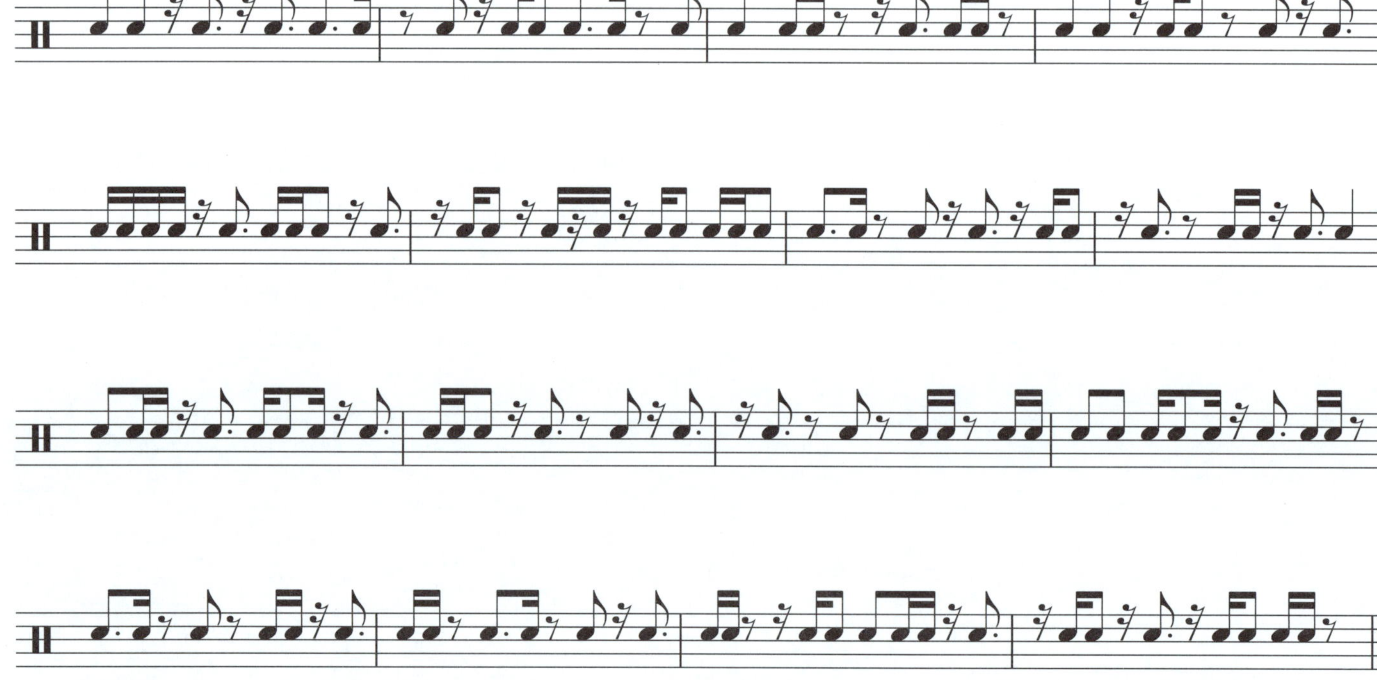

Lesson 2 | 응용연습

STROKE

Lesson 3

FILL-IN

여백의 미

쉼표를 많이 넣으면 훨씬 세련된 필인이 된다. 쉼표의 간격에 주의하면서 연습하고
필인은 림샷으로 악센트를 넣어서 쳐보자.

연습 1

연습 2

연습 3

연습 4

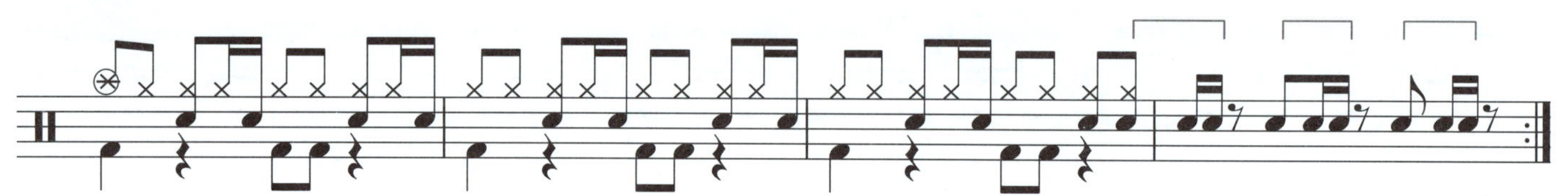

연습 5

연습 6

Lesson 4 | 응용연습

FILL-IN

연습 1

연습 2

연습 3

연습 4

연습 5

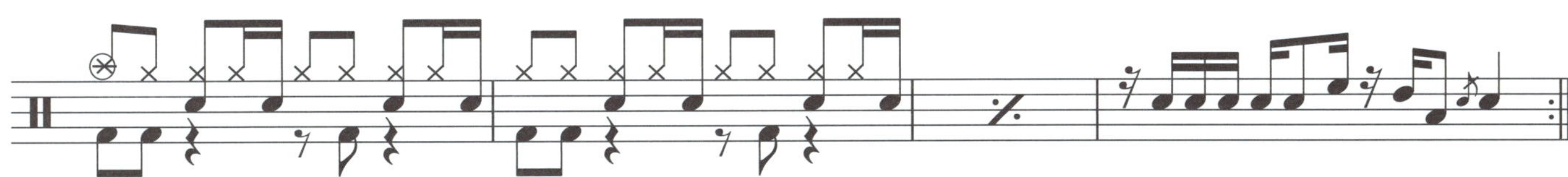

연습 6

Lesson 5 | 응용연습

FILL-IN

Lesson 6 | 응용연습
FILL-IN

연습 1

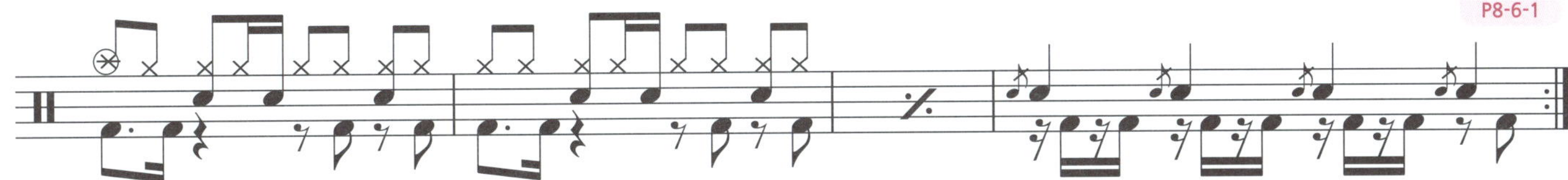

연습 2

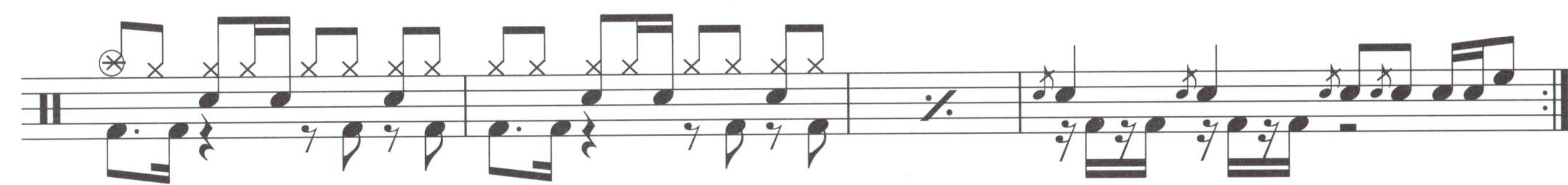

연습 3

연습 4

연습 5

연습 6

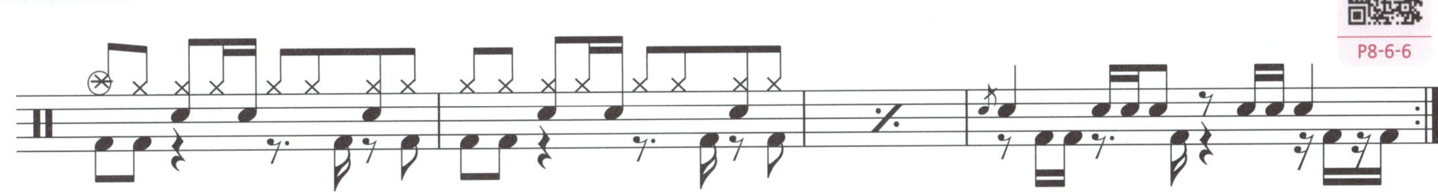

Lesson 7 | 응용연습
FILL-IN

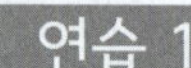

연습 1

연습 2

연습 3

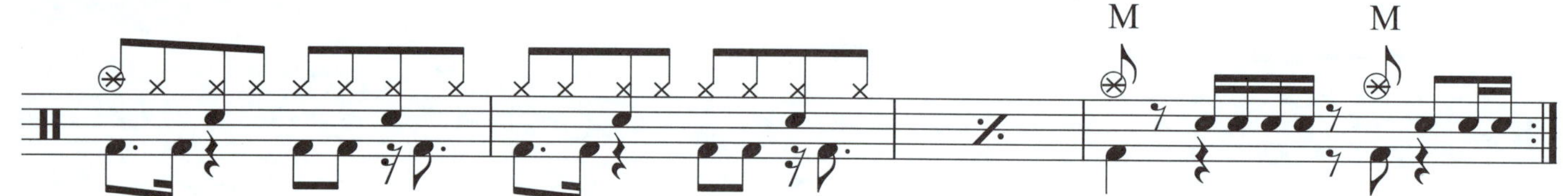

연습 4

연습 5

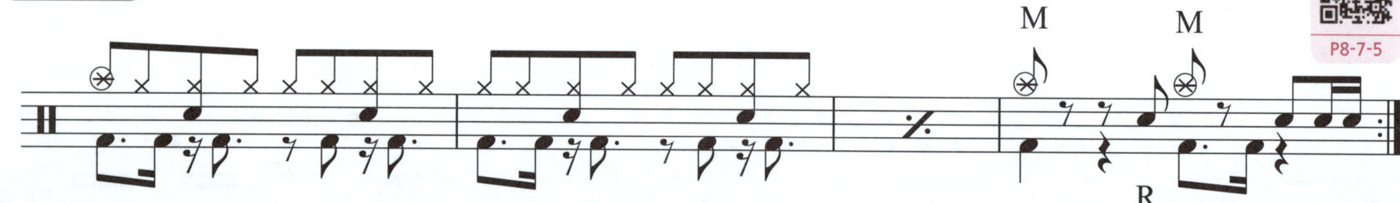

연습 6

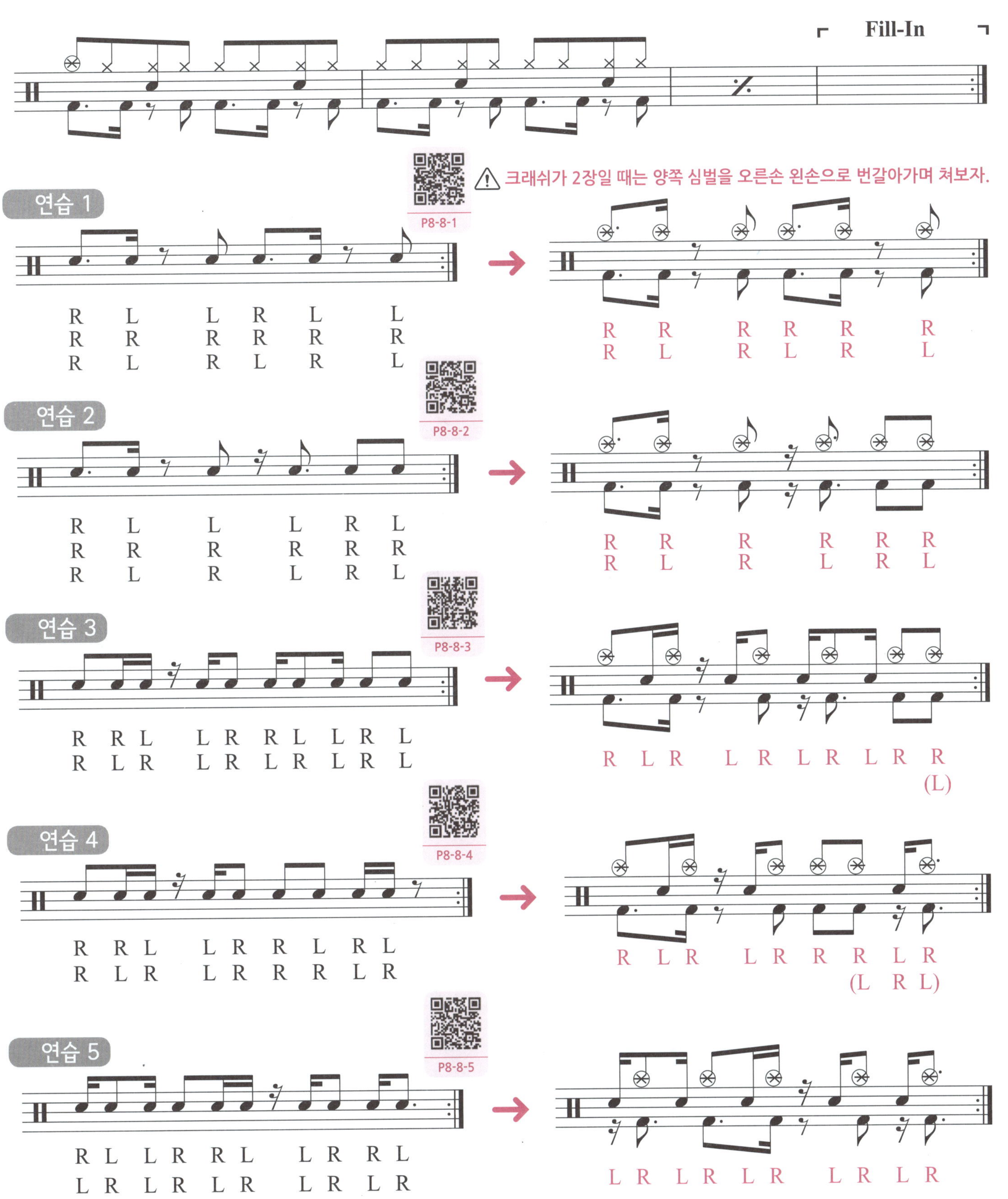

Lesson 8
FILL-IN
심벌을 다양하게 써보자
심벌을 쓸 때 양손의 순서가 바뀌는 경우가 종종 있다. 스네어 리듬을 완전히 몸에
익혀야 손을 바꿔도 정확한 리듬으로 연주 할 수 있다.
Fill-In 부분에 연습 1-5 까지의 필인을 넣어보자!
Fill-In
연습 1
P8-8-1
크래쉬가 2장일 때는 양쪽 심벌을 오른손 왼손으로 번갈아가며 쳐보자.
연습 2
P8-8-2
연습 3
P8-8-3
(L)
연습 4
P8-8-4
(L R L)
연습 5
P8-8-5

Lesson 9

Fill-In

응용연습

어려운 난이도에 도전해보자! 왼손 심벌도 적극적으로 사용한다.

P8-9-1

연습 1

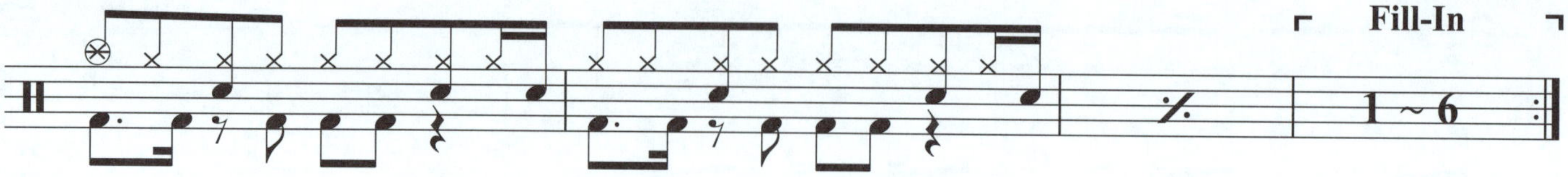

1

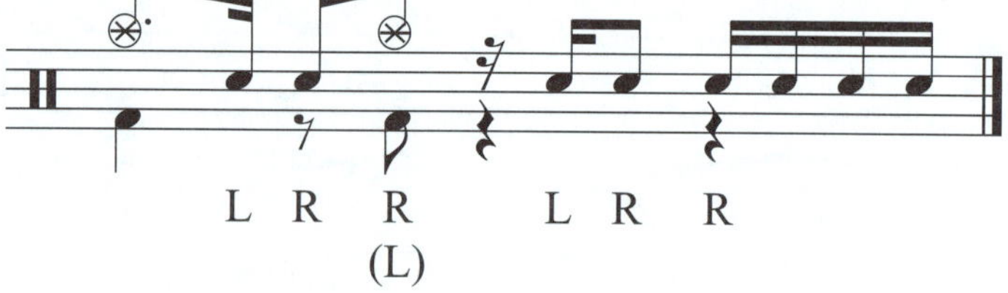

2

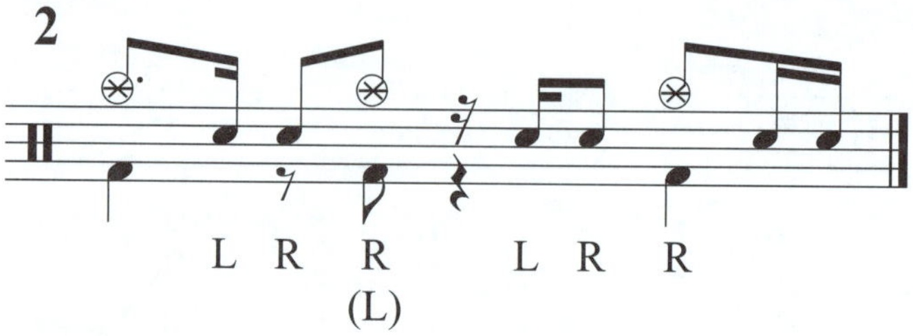

3

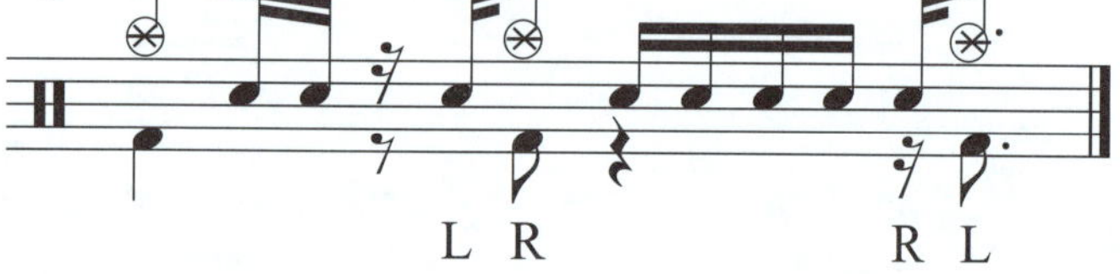

4

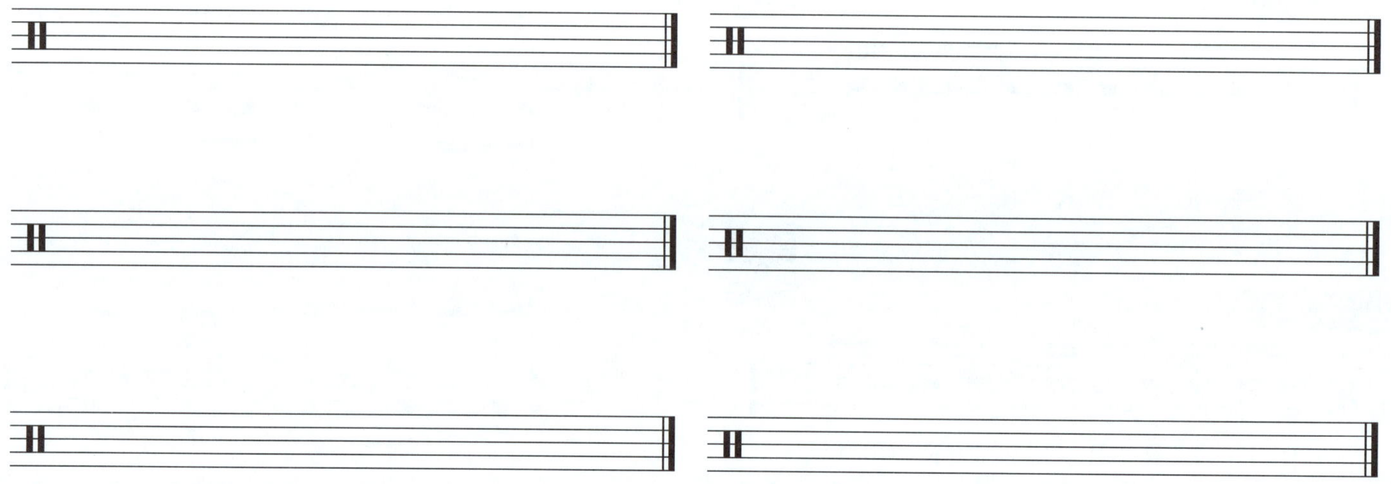

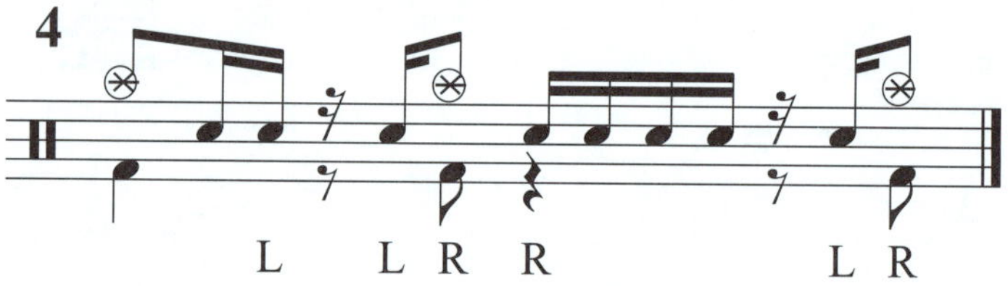

5

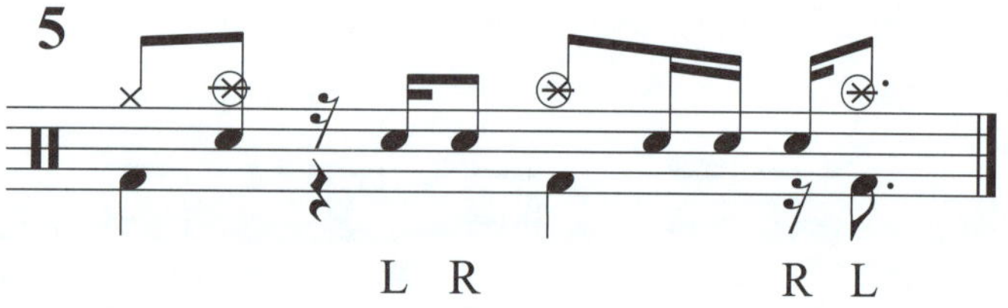

6

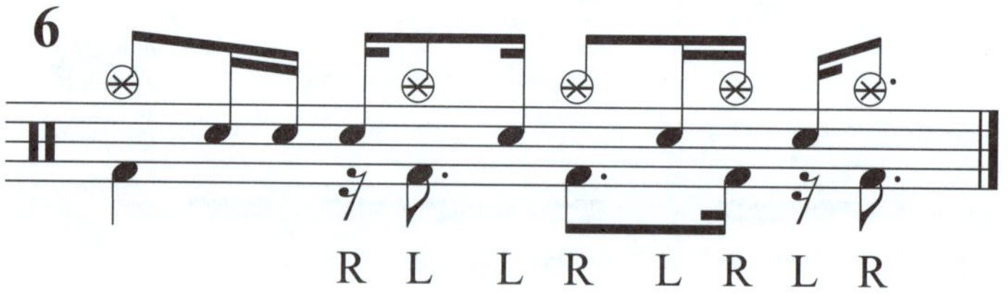

심벌을 이용한 필인을 만들어보자!

P8-SOLO15

SOLO 15

♩=120
L R R L R R
(L)
R R L R

R L R R L R L R

R L L L R L R L R R L

R L R L R L R L R L

L R R L L L

Part 9

- 어려운 난이도의 8분의 6박 스트로크
- 8분의 12박 + 16분음표 베이스 드럼

Lesson 1
STROKE
8분의 6박 스트로크

8분의 6박도 좀 더 어려운 리듬에 도전해 보자. 6연음과 3연음 사이에 여러가지 리듬을 안정적으로 칠 수 있도록 연습하자.

연습 1

연습 2

연습 3

연습 4

연습 5

연습 6

Lesson 2 | 응용연습
STROKE

연습 1

R L R L R L R L R L R L　R　L R L R　L R L　R L R L R L　R　L R L R　L R L

연습 2

R L R L R L R L R L R L　　R L R L　　R L R L　R L R L R L　　R L R L　　R L R L

연습 3

R L R L R L R L R L R L　　L R L R　　L R L R　R L R L R L　　L R L R　　L R L R

연습 4

R L R L R L R L R L R L　R L　L R L　L　L　R L R L R L　R L　L R L　L　L

연습 5

R L R L R L R L R L R L　R　L R R　L R　R L R L R L　R　L R R　L R

연습 6

R L R L R L R L R L R L　　L R L　　L R L　R L R L R L　　L R L　　L R L

Lesson 3 | 응용연습
STROKE

연습 1

연습 2

연습 3

연습 4

연습 5

연습 6

Lesson 4 응용연습

STROKE

연습 1

연습 2

Lesson 5 | 응용연습

STROKE

연습 1

P9-5-1

연습 2

P9-5-2

Lesson 6

STROKE

연습 1

연습 2

Lesson 7
SET | 8분의 12박 세트 리듬

Lesson 8 | 응용연습
SET

연습 1

연습 2

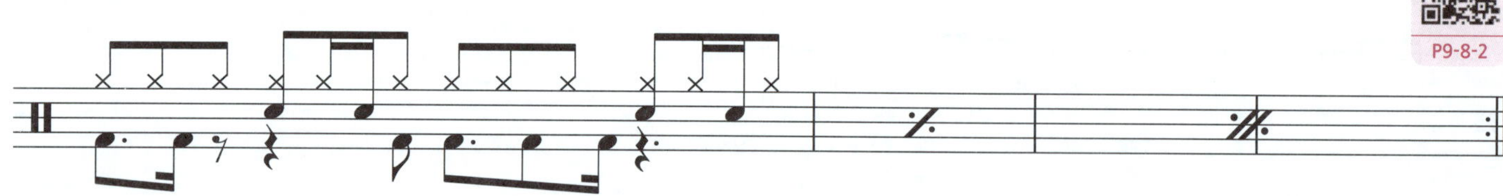

연습 3

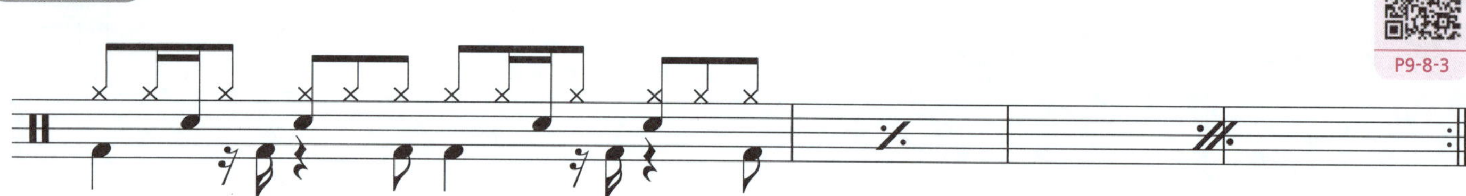

연습 4

연습 5

연습 6

Lesson 9 | 응용연습

SET

연습 1

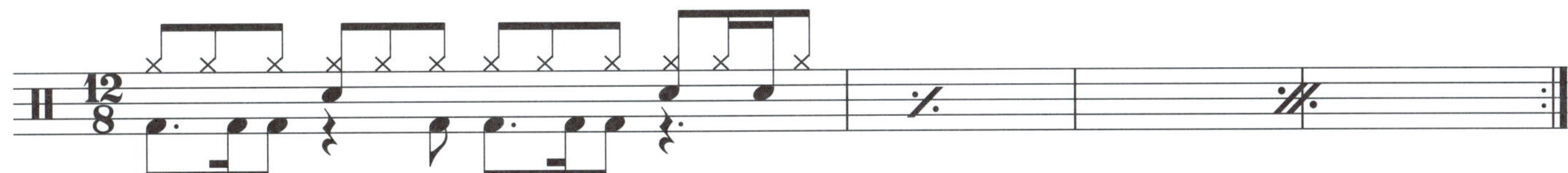

연습 2

연습 3

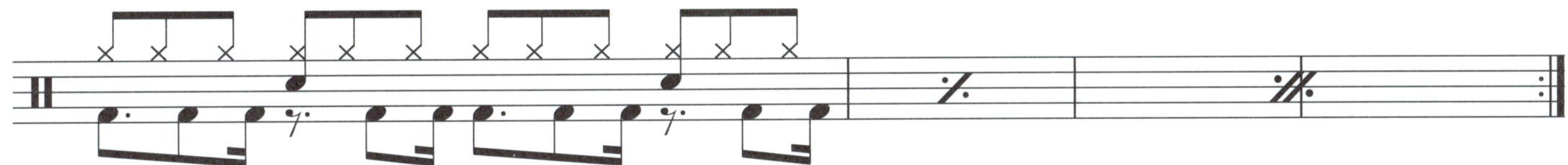

연습 4

연습 5

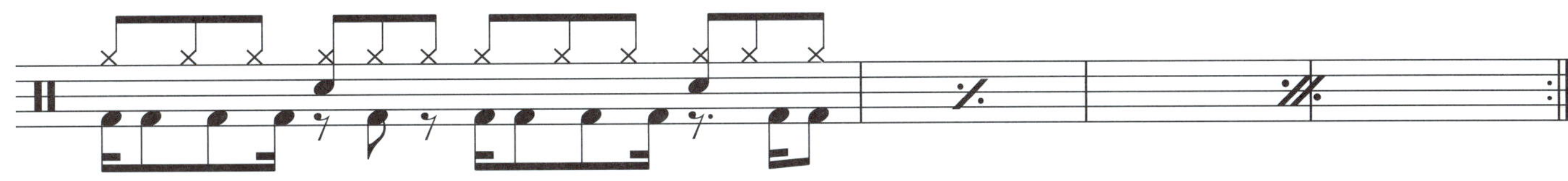

연습 6

Lesson 10

Fill-In

8분의 12박 필인

앞에서 배운 리듬으로 다양한 필인을 만들 수 있다. 밑에 빈칸에 자신만의 필인도 만들어보자!

SOLO 16

SOLO 17

SOLO 18

연습곡 부록

1. 밀랍천사
2. 사랑해서 사랑해서
3. 본능적으로
4. This Love
5. Call Me When You're Sober
6. Stockholm Syndrome

부록으로 실리는 연습곡은 최대한 원곡과 똑같도록 작업했지만
베이직 드럼3(완결편)의 진도에 맞추어 다소 편곡된 부분도 있습니다.

밀랍 천사

작사　김윤아
작곡　김윤아
노래　자우림

Intro

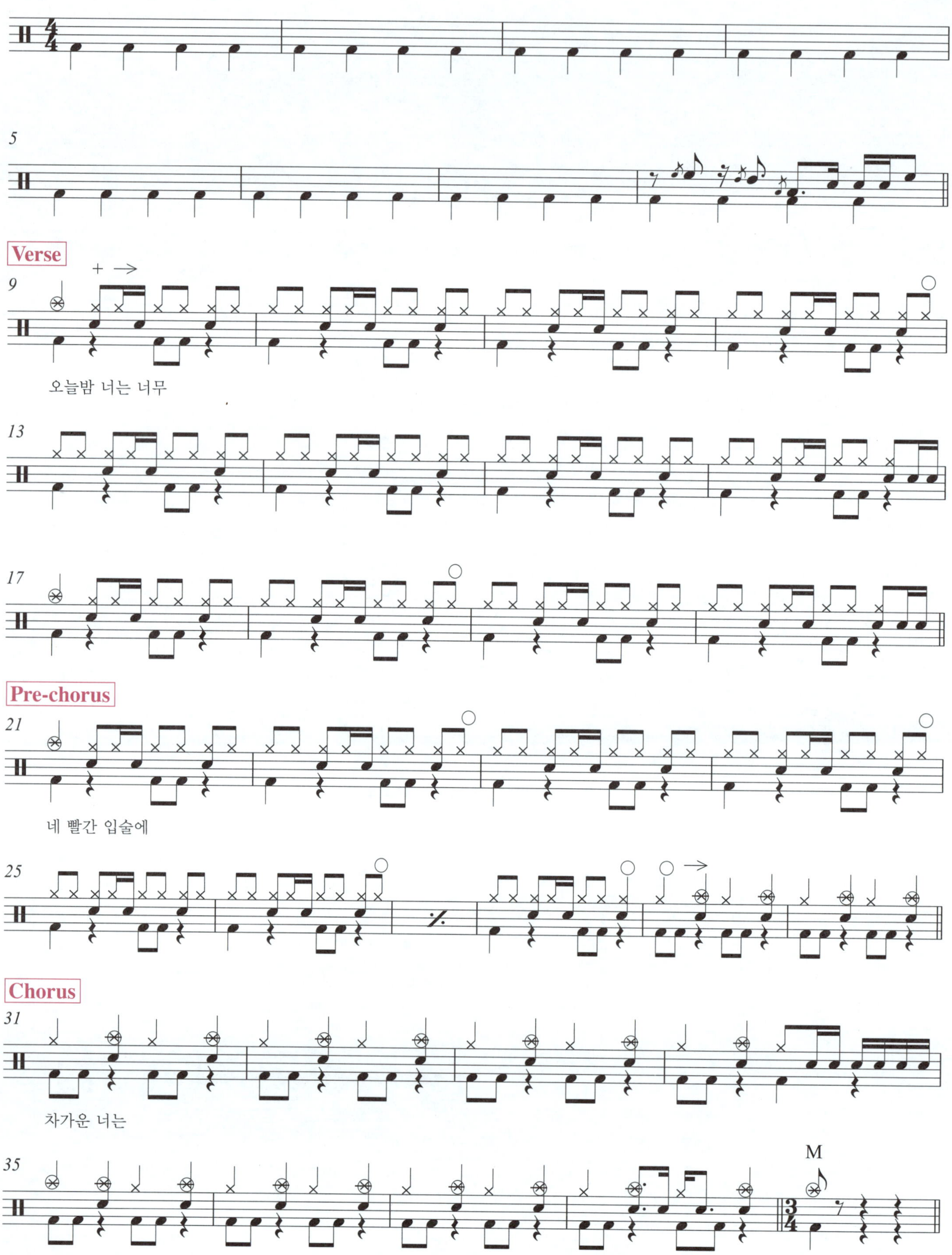

Verse

오늘밤 너는 너무

Pre-chorus

네 빨간 입술에

Chorus

차가운 너는

Verse
오늘밤 나는 너무
44
Pre-chorus
50
차가운 네 피부
54
Guitar Solo
58
62
Chorus
66
차가운 너는
70
74
차가운 너는

Verse
80
오늘밤 너는 너무
84
Chorus
90
차가운 너는
94
98
102
106
110

사랑해서 사랑해서

작사　김태원
작곡　김태원
노래　부　활

Chorus
다시 사랑을 하겠지
Guitar Solo

Verse
66
늘 아픔을 숨겨왔었지
70
74
78
Chorus
82
다시 사랑을 하겠지
86
90
94

다시 사랑을 하겠지
이제 사랑이 오겠지
다시 사랑이 오겠지
이제 사랑이 오겠지
rit...

본능적으로

작사 윤종신
작곡 윤종신
노래 강승윤

Intro

Verse

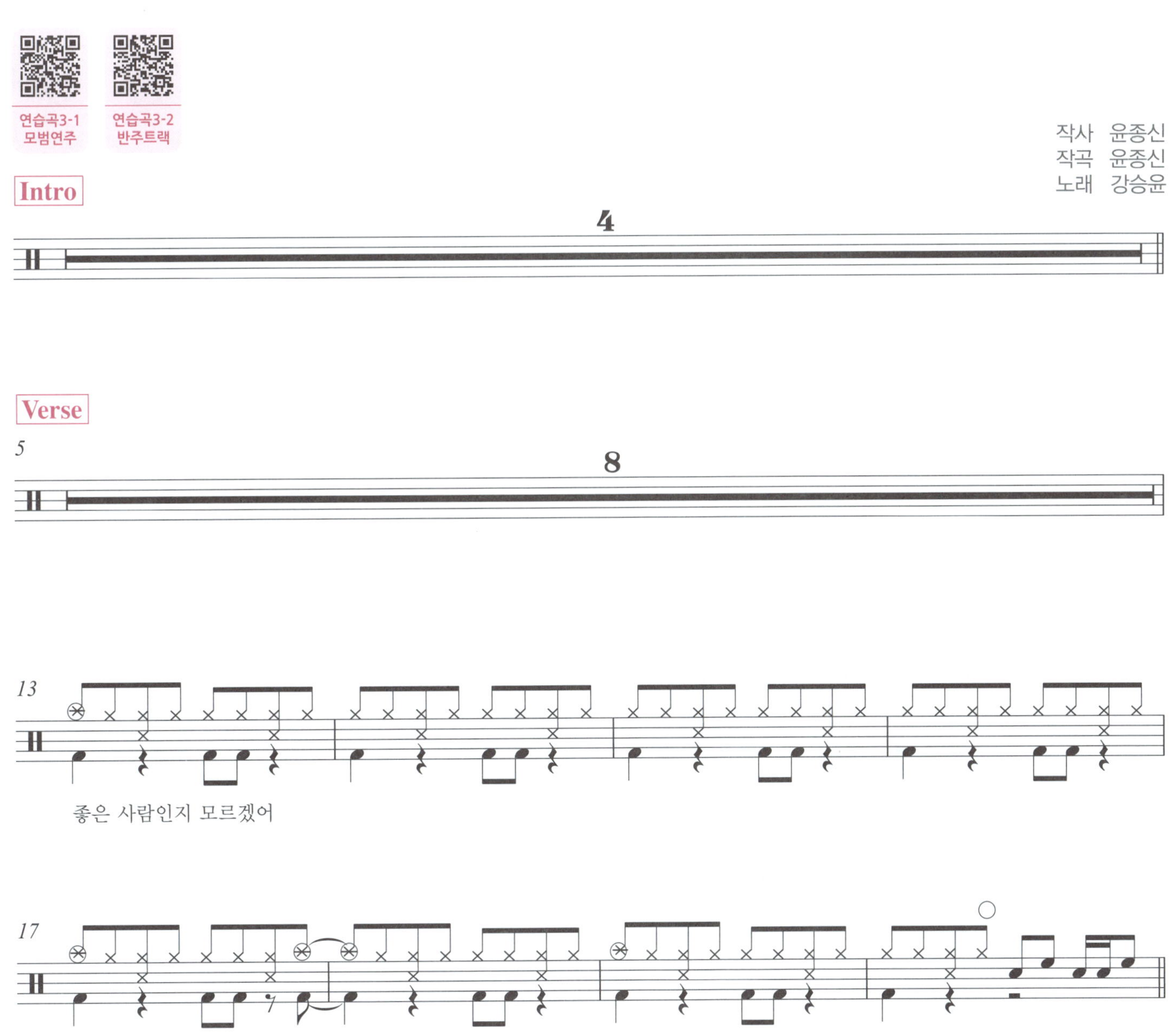

Chorus

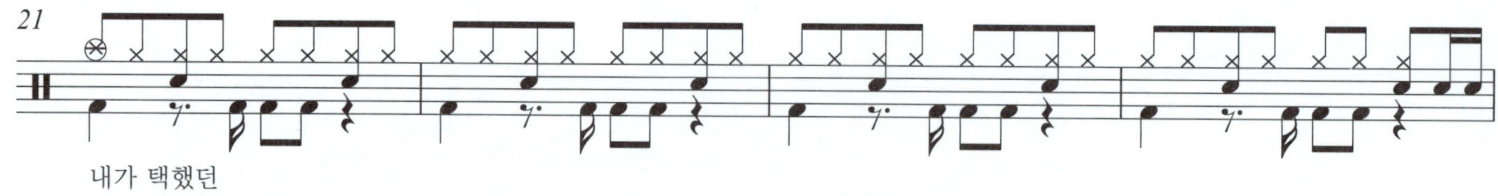
내가 택했던

L R

Verse

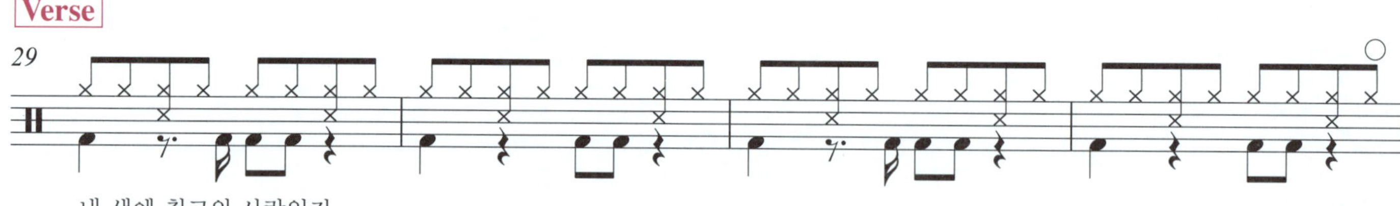
내 생에 최고의 사랑일지

혼자 가다가 널 봤는데

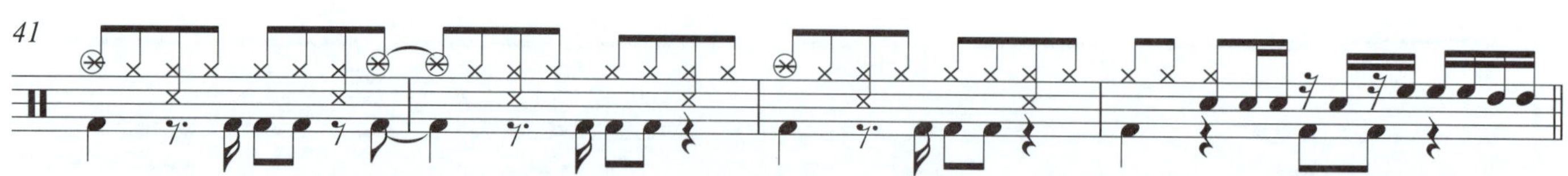

Chorus

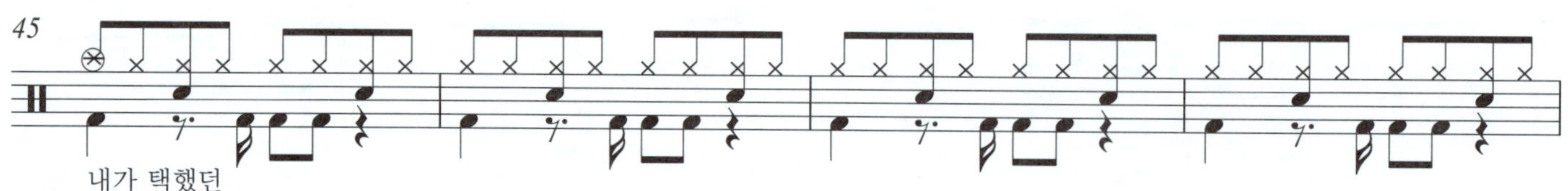
내가 택했던

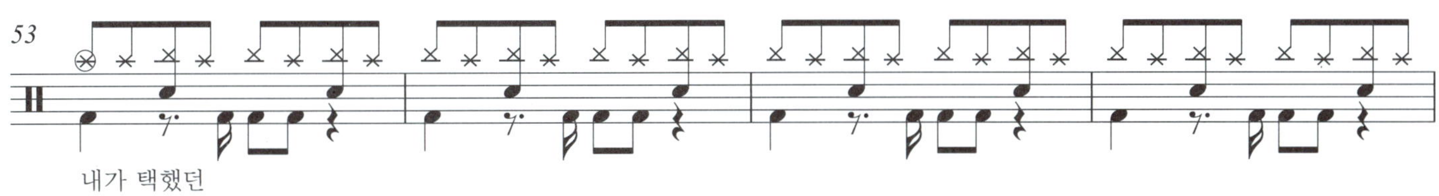

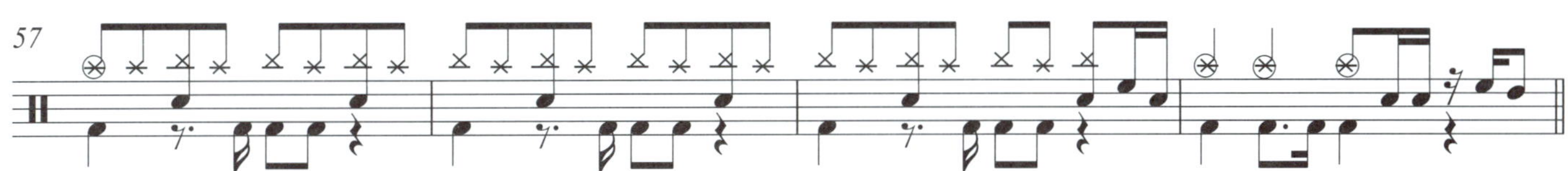

Verse

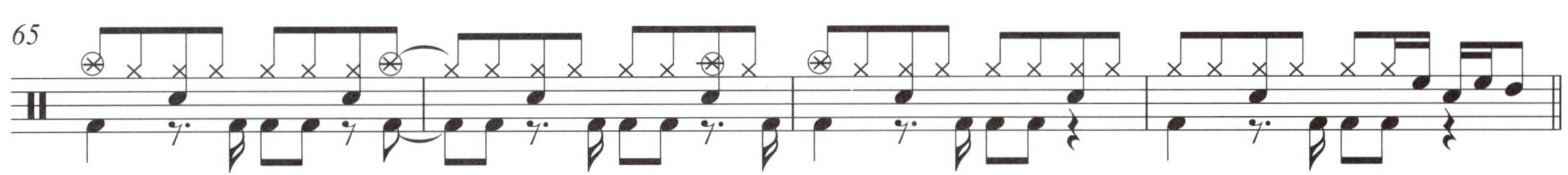

Outro

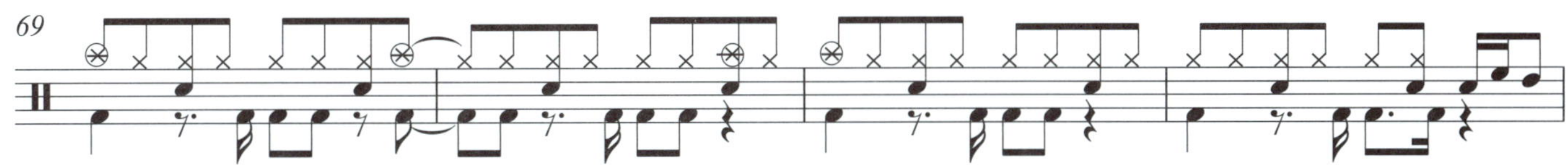

This Love

작사 Maroon 5
작곡 Maroon 5
노래 Maroon 5

Intro

Chorus
17
This love has
21
Interlude
25
oh oh oh
Verse
29
I tried my best
33
Chorus
37
This love has
41
45
oh oh oh

Bridge
49
I'll fix these broken things
53
Chorus
57
This love has
61
65
69
73
This love has
77
Fade Out

Call Me When You're Sober

작사 Evanescence
작곡 Evanescence
노래 Evanescence

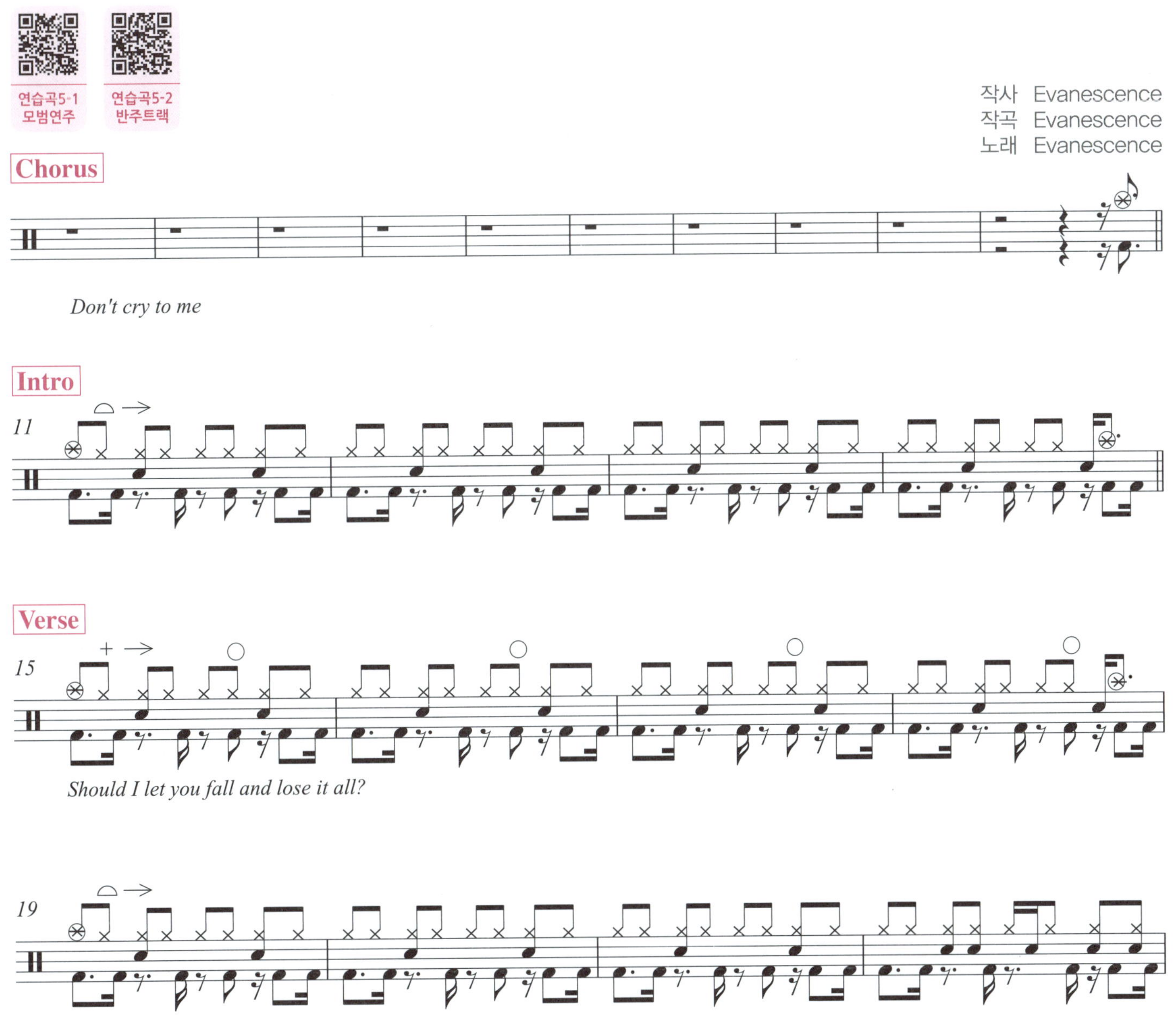

Chorus
23
RLRL
Don't cry to me

27

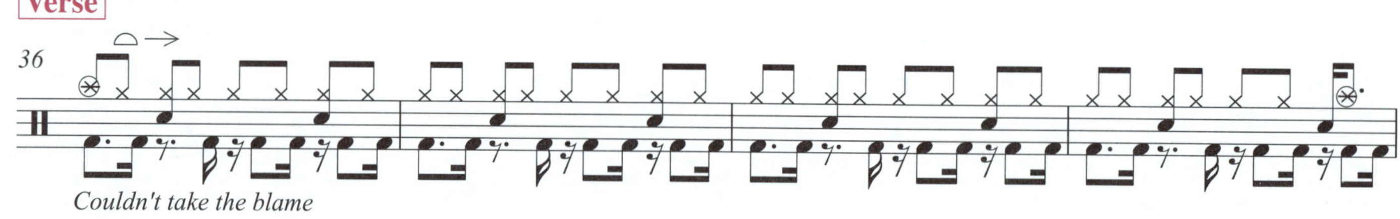

Interlude
32

Verse
36
Couldn't take the blame

40

Chorus
44
Don't cry to me

48

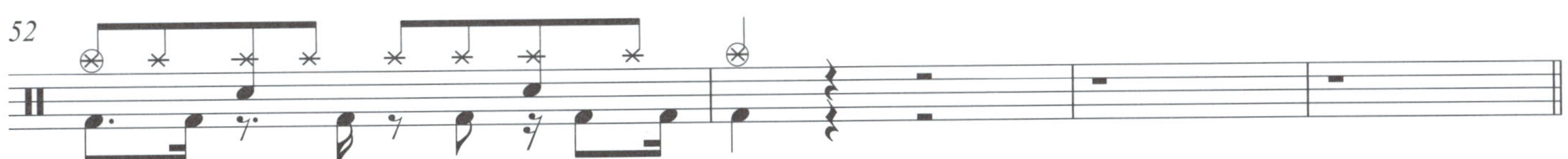

Bridge

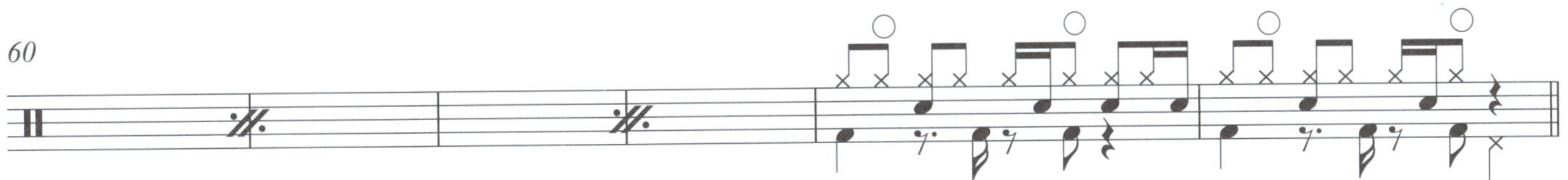

Chorus

Stockholm Syndrome

Intro

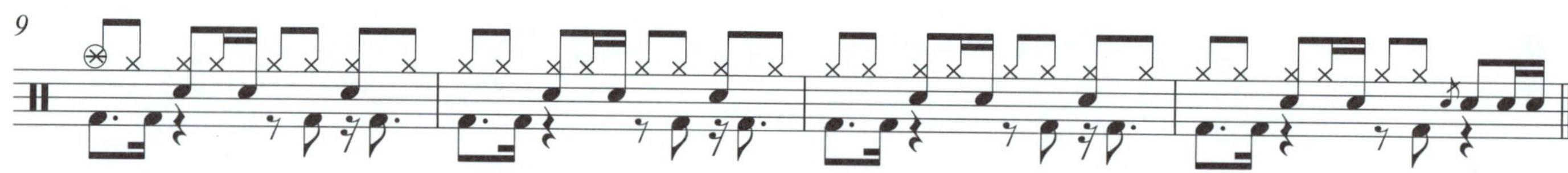

Verse

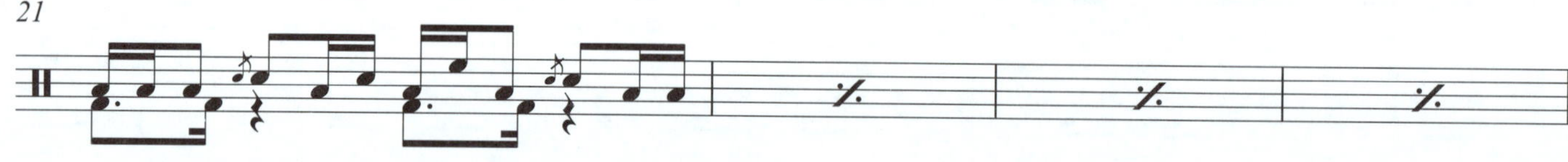

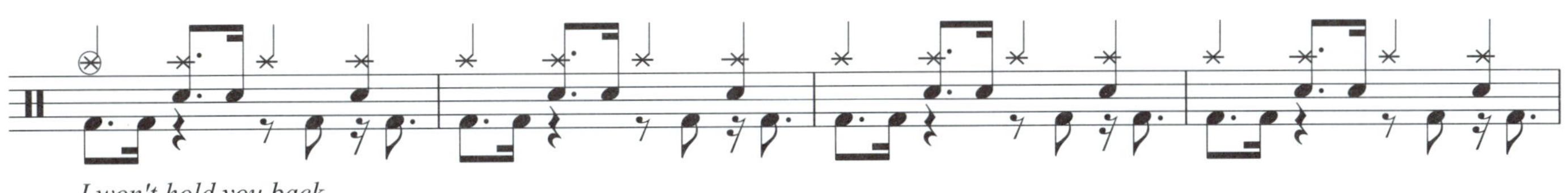

Pre-chorus

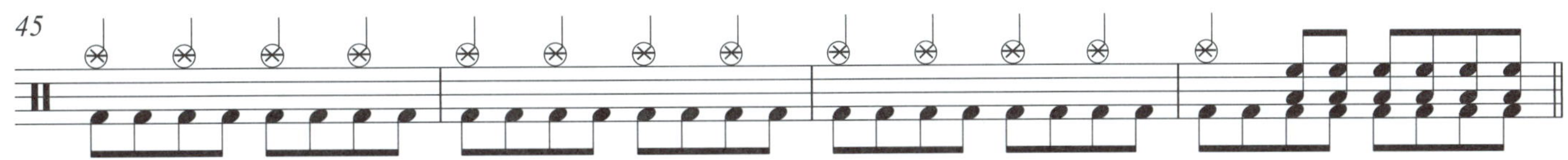

Chorus

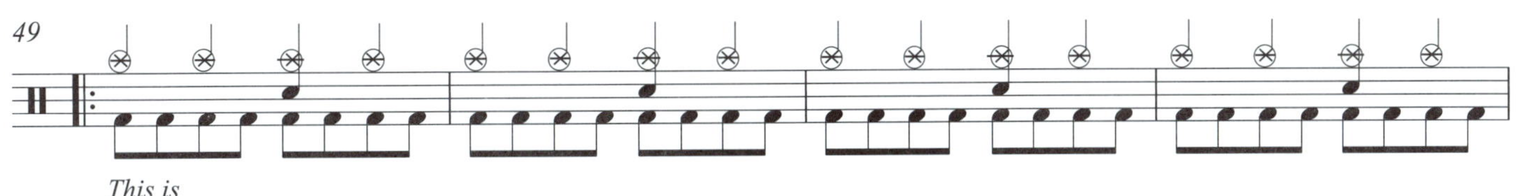

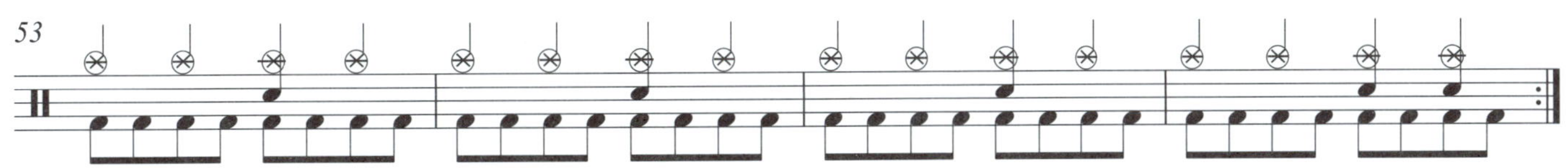

Interlude

Verse

D.S. al coda

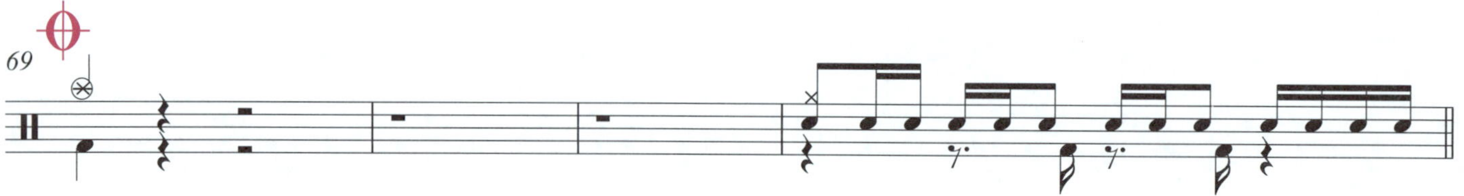

Bass Solo

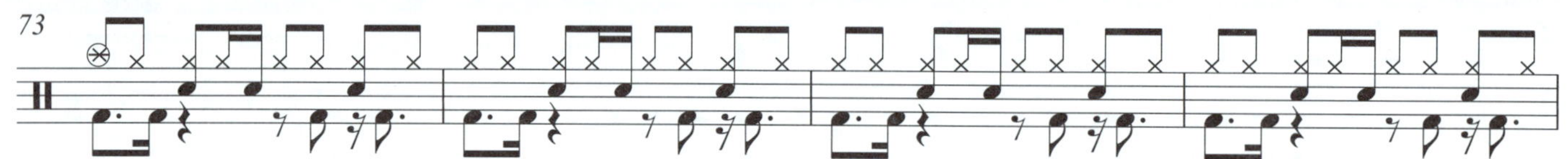

Chorus

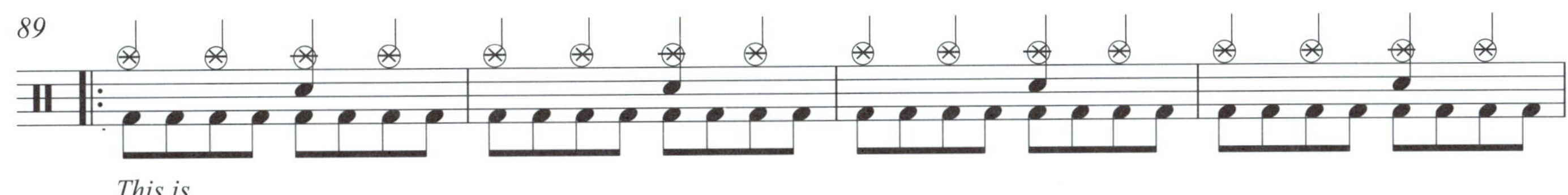

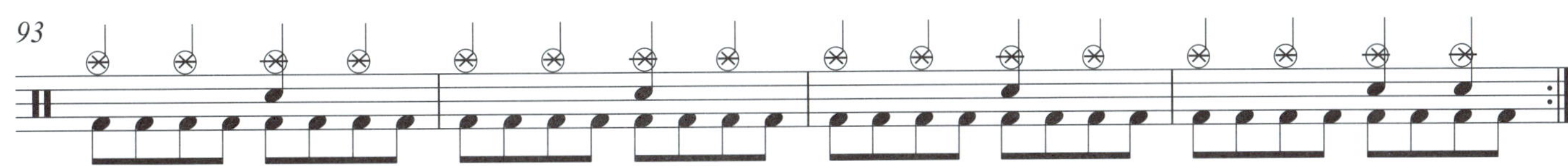

Outro

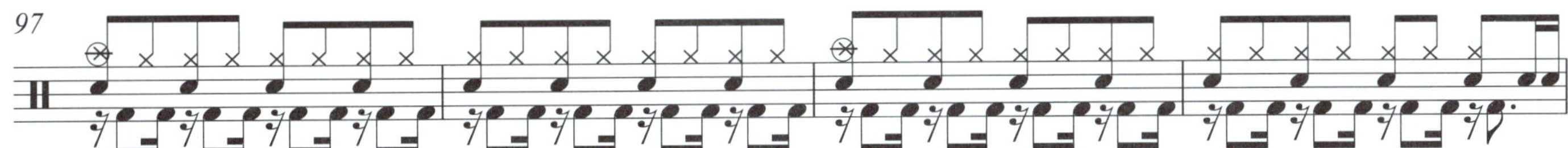

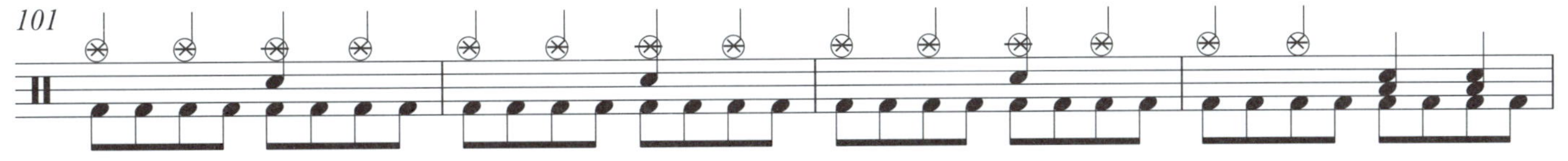

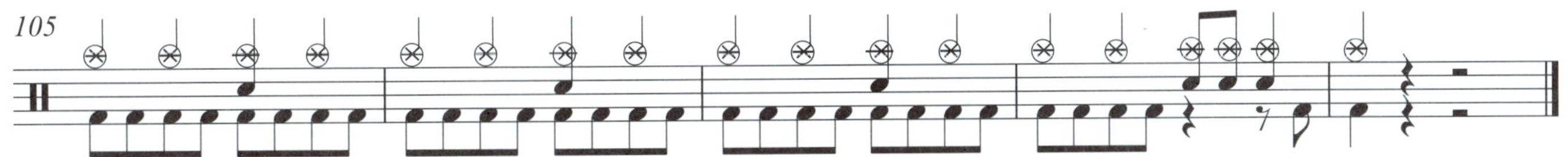

BASIC DRUM
THE FINAL VOLUME

QR 개정판

베이직 드럼3
완결편

발 행 일	2023년 11월 5일(2판 1쇄)
	2025년 10월 25일(2판 2쇄)
발 행 인	김두영
저 자	전재욱
발 행 처	삼호ETM (http://www.samhomusic.com)
	우편번호 10881
	경기도 파주시 문발로 175
	마케팅기획부 전화 1577-3588 팩스 (031) 955-3599
	콘텐츠기획개발부 전화 (031) 955-3589 팩스 (031) 955-3598
등 록	2009년 2월 12일 제321-2009-00027호
ISBN	978-89-6721-503-3
	978-89-6721-366-4(세트)